MINISTÈRE DE L'INSTRUCTION PUBLIQUE ET DES BEAUX-ARTS.

BIBLIOTHÈQUES
POPULAIRES
DES ÉCOLES PUBLIQUES.
(ANCIENNES BIBLIOTHÈQUES SCOLAIRES.)

CATALOGUE
D'OUVRAGES DE LECTURE.

1er Fascicule.

(CE CATALOGUE ANNULE LES PRÉCÉDENTS.)

PARIS.
IMPRIMERIE NATIONALE.

MARS 1884.

BIBLIOTHÈQUES
POPULAIRES
DES ÉCOLES PUBLIQUES.
(ANCIENNES BIBLIOTHÈQUES SCOLAIRES.)

CATALOGUE
D'OUVRAGES DE LECTURE.

1ᵉʳ Fascicule.
(CE CATALOGUE ANNULE LES PRÉCÉDENTS.)

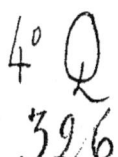

MINISTÈRE DE L'INSTRUCTION PUBLIQUE ET DES BEAUX-ARTS.

BIBLIOTHÈQUES
POPULAIRES
DES ÉCOLES PUBLIQUES.
(ANCIENNES BIBLIOTHÈQUES SCOLAIRES.)

CATALOGUE
D'OUVRAGES DE LECTURE.

1er Fascicule.
(CE CATALOGUE ANNULE LES PRÉCÉDENTS.)

PARIS.
IMPRIMERIE NATIONALE.

MARS 1884.

AVIS PRÉLIMINAIRE

AUX COMMUNES ET AUX INSTITUTEURS.

I

Il ne suffit pas que l'État donne l'enseignement primaire à tous les enfants. Quand on sait lire, il faut encore aimer à lire, et quand on aime à lire, il faut pouvoir trouver des livres. Il y a tel village où il serait difficile de s'en procurer un seul, s'il n'y avait pas ceux de l'école communale.

Les bibliothèques populaires des écoles publiques répondent à un intérêt de premier ordre. Elles sont la librairie gratuite de l'écolier et de l'adulte; elles font pénétrer dans les campagnes des livres dont l'ouvrier et le cultivateur ne peuvent faire la dépense. Elles ont suscité et suscitent chaque jour une nouvelle catégorie de lecteurs de tout âge : c'est l'enseignement qui se prolonge et se continue au dehors; c'est le livre qui sort de l'école pour aller au foyer; c'est l'enfant devenant le lecteur de la famille; c'est le goût des distractions saines peu à peu substitué aux loisirs stériles. Chaque village peut avoir ainsi son cabinet de lecture qui se déplace et va, dans chaque maison, trouver le lecteur, sans frais et sans peine : l'enfant commence, les parents achèvent.

II

L'arrêté constitutif des bibliothèques scolaires, qui portent aujourd'hui le nom de bibliothèques populaires des écoles publiques, modifié depuis dans plusieurs de ses parties, est du 1er juin 1862.

En 1865, la France comptait 4,833 de ces bibliothèques, réunissant 180,874 volumes, dont 179,267 avaient été prêtés.

Dix ans après, en 1875, malgré la perte de trois départements, les bibliothèques étaient au nombre de 16,469; le nombre des livres s'élevait à 1,540,697, dont 962,416 volumes, dans cette même année, avaient trouvé des lecteurs.

En 1876, par une progression toujours croissante, les bibliothèques étaient au nombre de 17,764, les livres au nombre de 1,716,904, et les prêts atteignaient 1,094,198 volumes.

Au 1er janvier 1879, il existait 20,552 bibliothèques possédant 2,051,227 volumes : soit 100 en moyenne par bibliothèque; les prêts s'étaient élevés à 1,504,827 volumes.

Plus de 8 millions de volumes ont été mis ainsi en circulation, depuis l'origine, dans des localités où les livres n'avaient presque jamais pénétré.

Sans parler du dépôt des livres à l'usage des classes, qu'on y a annexé pour en garantir la conservation, ces bibliothèques comprennent :

1° Les ouvrages concédés par le Ministère de l'instruction publique, sur la demande des autorités communales et des représentants officiels des populations. Les Chambres ont successivement porté de 50,000 à 200,000 francs le crédit affecté aux souscriptions pour les bibliothèques populaires des écoles. Ces envois constituent le principal fonds de toutes ces bibliothèques;

2° Les livres donnés par les préfets au moyen de crédits votés par les conseils généraux;

3° Les ouvrages offerts par les particuliers;

4° Les livres acquis au moyen des ressources propres à la bibliothèque, ou de cotisations faites parmi les élèves et les familles.

Il est à regretter que ni les crédits spéciaux ni les dons particuliers ne comptent sérieusement dans l'accroissement des livres, et que l'État ne soit pas secondé davantage dans les sacrifices qu'il s'impose. Mais ce qui est plus déplorable encore, c'est que près de la moitié des communes de France n'aient point de bibliothèques, et qu'un si grand nombre de municipalités, auxquelles on ne demande d'autre mise de fonds que l'achat d'un corps de bibliothèque très modeste, se dérobent à cette dépense et se privent ainsi des envois que l'État serait disposé à faire.

III

Le présent catalogue a été revisé et complété dans toutes ses parties. Il demeure entendu qu'il est rédigé à titre d'indication et de renseignement. Les instituteurs et les municipalités restent libres, comme par le passé, de choisir ou de recevoir d'autres ouvrages, sous le contrôle de l'inspecteur primaire et de l'inspecteur d'académie. Mais qui ne comprend que ni les uns ni les autres ne trouvent le temps de connaître la valeur ou même l'existence de tous les ouvrages à acquérir, et qu'un catalogue comme celui-ci, qui en renferme près de deux mille, et qui s'allongera encore, loin d'être une entrave pour la liberté du choix, ouvre aux bibliothèques populaires des écoles un champ beaucoup plus vaste, et répond, par sa variété, au goût de tous les lecteurs?

Si tous les bons livres qu'on peut mettre à leur portée n'y sont pas indiqués, il n'en renferme aucun qu'on doive proscrire. C'est, parmi tant de publications soumises au jugement d'une commission spéciale, instituée auprès du Ministère, un triage qui n'a jamais été mieux fait, dans un esprit plus large, ni avec un plus vif amour des classes populaires. Ni livres de combat, ni livres de haine, mais tout ce qui peut faire aimer davantage la patrie, le devoir, la justice, la concorde, le progrès sans secousse et la liberté sans excès.

Les instituteurs, les communes, les particuliers peuvent puiser ici en toute confiance. Ce n'est pas un catalogue obligatoire, portant la marque exclusive du Gouvernement, et s'imposant au choix des lecteurs : à moins que le bon sens, la morale et le goût ne soient des doctrines d'État.

IV

Il a paru convenable, dans la confection de ce nouveau catalogue, de multiplier les divisions et les subdivisions, pour y rendre les recherches plus faciles. Il importe de classer d'autant plus clairement un si grand nombre d'ouvrages que ceux qui consultent la liste ont une moindre expérience de ces matières. Les inspecteurs d'académie et les inspecteurs primaires, les directeurs et directrices des écoles normales sont invités à prendre connaissance du catalogue, à l'étudier de près, à donner aux instituteurs et aux institutrices les conseils nécessaires pour en faire usage, à leur signaler les écrits d'un intérêt général et tous ceux dont la lecture peut être plus spécialement profitable dans chaque localité. Il faut songer que, au début, les bibliothèques populaires des écoles ne sont pas riches, et que d'un premier choix bien fait dépend souvent tout le succès d'une fondation de ce genre. Les premières demandes et les premiers envois du Ministère ont donc une importance décisive. Que l'on fasse aimer la lecture d'abord, au moyen de quelques ouvrages bien choisis; les livres viendront ensuite, plus nombreux et plus variés.

Sans insister longuement sur les différentes séries dont le catalogue est composé, nous croyons devoir donner quelques explications sommaires à ceux qui sont appelés à le consulter.

La série A comprend surtout des dictionnaires et des répertoires de notions usuelles. Il est bon que l'on puisse trouver dans chaque commune un dictionnaire de la langue, et un autre dictionnaire propre à fournir, sur un nom historique ou géographique ou sur un terme scientifique, quelques utiles indications. Ces sortes d'ouvrages, faits pour être consultés sur place, doivent toujours être à la disposition des habitants, et il est à souhaiter qu'on en recommande et qu'on en propage l'emploi.

Les séries B et C, avec leurs subdivisions, qui comprennent les livres d'histoire, de géographie, les relations de voyages, les biographies des hommes illustres et des hommes utiles, ne sauraient être trop recommandées à ceux qui, après la sortie de l'école, veulent étendre leurs connaissances dans le temps et dans l'espace. C'est aux esprits les plus curieux, et il peut s'en trouver même dans le plus petit village, que s'adressent ces lectures. Elles éveillent les vocations, stimulent les volontés, exaltent les courages. Dans un pays de suffrage universel, il faut connaître l'histoire de France, avoir une idée de celle des autres nations, savoir la place que l'on occupe sur ce globe et la part que l'on a prise à la civilisation générale.

La série D comprend surtout nos grands classiques français et les ouvrages de pure imagination.

Il faut que les chefs-d'œuvre de nos principaux auteurs classiques soient le fonds permanent de toute bibliothèque, parce qu'il y a des noms qu'il n'est permis à personne d'ignorer en France, et qu'il y a certaines pages de prose ou de vers qui font partie de notre gloire nationale, quand elles sont signées de Corneille ou de Molière. Le résultat même de toutes les lectures inférieures que l'on admet et que l'on encourage est de préparer à l'intelligence des œuvres les plus parfaites, et d'en rendre la lecture accessible à quelques esprits mieux doués. Il faut toujours supposer qu'un génie qui s'ignore, dans un coin retiré du pays, pourra ouvrir un jour et comprendre le livre inintelligible pour tous les autres.

Mais les classes les plus nombreuses sont restées trop étrangères à la langue savante du xviie siècle pour goûter de prime abord, à part quelques morceaux sublimes ou quelques pièces du ton comique, l'art incomparable de nos grands écrivains. Aussi les lectures favorites des illettrés, comme des enfants, sont celles qui, sous une forme moins parfaite, mais plus populaire, mettent les idées et les sentiments en récits et en images. De là, dans ce catalogue, après l'Histoire, la place si largement accordée aux romans, aux contes, aux aventures de toute sorte. C'est par ces divertissements que se développe d'abord le goût de la lecture; ce sont ces livres agréables qui, après avoir captivé l'enfant, ont chance de pénétrer avec lui dans la famille. Il faut, dans un milieu rustique, parler à l'imagination et à la sensibilité, avant de s'adresser à la raison plus mûre. L'expérience a démontré que les romans, les contes, les récits extraordinaires sont les livres de prédilection de ce public nouveau. Il faut commencer par ce qui amuse, poursuivre par ce qui instruit, achever par ce qui élève. Un temps viendra sans doute où tous les livres trouveront des lecteurs; aujourd'hui il suffit que tous les lecteurs trouvent des livres.

Mais s'il ne faut point proscrire les ouvrages faits pour distraire, c'est dans les séries G, H, I et les suivantes que sont placés ceux dont les instituteurs devront surtout recommander la lecture aux plus intelligents de leurs clients, après les avoir lus eux-mêmes. Si l'enseignement primaire est bien donné, le goût des lectures scientifiques en sera la plus sûre conséquence. Histoire naturelle, hygiène, sciences appliquées à l'agriculture et à l'industrie, législation usuelle, économie politique, arts industriels, découvertes nouvelles, ce sont là autant de matières d'études qu'il faut faire pénétrer de plus en plus dans les campagnes. Pour y arriver, ce ne sera pas trop de toute la persévérance des maîtres, aidée des encouragements de nos municipalités, et secondée, s'il se peut, par des conférences et des lectures publiques qui pourraient être confiées aux inspecteurs primaires ou même à de notables habitants, s'il s'en trouvait d'assez instruits pour s'en charger, d'assez dévoués pour y consentir.

V

On voit déjà, par tout ce qui précède, combien le rôle des instituteurs est considérable, et combien leur zèle importe à la prospérité des bibliothèques populaires des écoles publiques. C'est un devoir auquel il sera bon de les préparer dès l'école normale. On peut dire que le développement des bibliothèques ou leur abandon est entre leurs mains. Chargés par l'État et la commune du soin de recevoir, d'enregistrer, de prêter les livres, ils ne rempliraient que la moindre partie de leur tâche, s'ils s'en tenaient à cette fonction purement matérielle.

Ranger les livres sur les rayons d'une bibliothèque bien en vue, les tenir en bon état, avoir des registres en règle, toujours cotés et parafés par le maire et les inspecteurs, mettre au courant les catalogues, et, s'il y a un fonds d'achats, en présenter exactement les comptes, c'est quelque chose sans doute, mais ce n'est pas assez.

Des milliers d'écoles n'ont même pas de bibliothèque; près du tiers de celles qui existent ont peu de lecteurs; bien des livres sont détériorés et disparaissent; les ouvrages les meilleurs, les plus utiles, ne sont pas toujours les plus demandés; le fonds s'épuise au lieu de s'enrichir; point d'achats obtenus, point de crédits réclamés; les volumes uniquement confiés aux enfants dans l'école, et les parents ne sachant même pas qu'ils peuvent recourir à la bibliothèque; notre catalogue général à peine connu de ceux qui sont appelés à y puiser; celui de la bibliothèque à peine consulté; ou, si quelques livres, toujours les mêmes, sont empruntés, les lectures faites sans direction, sans méthode, sans profit durable : c'est là un état de choses dont on ne peut demander le remède qu'au dévouement de nos instituteurs, déjà si chargés cependant. Car, si l'inspecteur d'académie ne peut lire que des rapports annuels; si l'inspecteur primaire en tournée ne peut que donner un coup d'œil, en passant, à la bibliothèque; si, dans le fond des campagnes, les municipalités ont quelquefois plus de bonne volonté que de compétence scolaire, c'est à l'instituteur, qui est sur place, qu'il appartient de travailler au succès de sa bibliothèque; c'est à celui qui a les livres d'être en communication avec les lecteurs. Les débuts peuvent être difficiles, mais l'indifférence et le découragement seraient aussi coupables que l'incurie. Il n'est pas permis à un bon instituteur de se passer de bibliothèque, et il ne lui est pas permis, quand il l'a obtenue, de s'en désintéresser.

Quand il l'a bien classée et cataloguée, qu'il sait ce qu'elle renferme (non qu'il puisse immédiatement tout lire, mais il ne saurait ignorer le contenu et, d'une façon générale, le mérite de chaque ouvrage), quand il connaît enfin toutes les ressources mises à sa disposition, il peut alors en diriger l'emploi avec intelligence.

Avant tout, il inspirera le goût de la lecture à l'école même, par des lectures à haute voix, bien choisies, habilement suspendues, dont il se chargera lui-même et dont il fera la récompense du travail. Il provoquera ensuite les emprunts de la part des élèves les plus âgés; il indiquera les lectures pour la maison; il saura les graduer et les diversifier selon l'âge, la capacité, les besoins, les loisirs, les saisons, les travaux des champs, les événements du dehors; il fera part aux familles de ce droit d'emprunt, dont elles ne songent pas à user, même dans les longs hivers; il ramènera à la bibliothèque les adultes les mieux doués, leur recommandera tel livre ou tel autre, s'adressera aux sœurs, aux mères, aux vieillards qui savent lire, aux malades, aux infirmes. Il fera circuler le livre qui semble plaire; il demandera compte aux enfants de leurs lectures, et le fera même pour les adultes, s'il a su prendre quelque crédit sur leur esprit; enfin, à force de patience, d'insistance et de conviction, il constituera un noyau régulier de lecteurs qui auront vite épuisé son petit catalogue.

Alors ce sont d'autres soins : il sollicitera des achats nouveaux, ou, pour arriver au même but, des dons volontaires ; il parcourra notre catalogue, dressera la liste des livres qu'il souhaite pour sa bibliothèque, remettra sa demande au maire ou à l'inspecteur en tournée, provoquera des échanges temporaires avec les bibliothèques les plus voisines, dont le fonds de livres est différent, à titre de prêt mutuel, bien entendu ; il s'occupera aussi de remplacer les ouvrages détériorés ou vieillis, saura refaire, au besoin, un cartonnage, surtout si l'école normale le lui a enseigné ; essayera d'obtenir des envois de plus en plus importants, des collections, des publications illustrées ; pourra placarder à la porte de son école le titre des acquisitions les plus nouvelles, et faire de sa bibliothèque une des richesses de l'école et de la commune.

Un instituteur bien préparé, bien inspiré, bien conseillé, qui ne craindra pas quelques labeurs supplémentaires et s'armera de patience, peut ainsi, modestement, simplement, sans bruit et sans prétention, devenir un précieux instrument de culture intellectuelle hors de l'école, comme il l'est déjà dans l'école même.

On fait appel au dévouement des instituteurs ; à celui des municipalités, sans le concours desquelles ils ne peuvent rien ; à celui de MM. les inspecteurs primaires, qui stimuleront leur zèle ; à celui de MM. les inspecteurs d'académie, qui accepteront le contrôle de tous ces efforts ; à celui de tous les esprits libéraux, intéressés au succès de ces bibliothèques. Ce succès importe au progrès intellectuel et moral de la France républicaine.

RENSEIGNEMENTS GÉNÉRAUX.

ORGANISATION DES BIBLIOTHÈQUES POPULAIRES DES ÉCOLES PUBLIQUES.

Il paraît utile de rappeler les dispositions de l'arrêté ministériel en date du 1er juin 1862, qui a institué les bibliothèques scolaires, aujourd'hui bibliothèques populaires des écoles publiques.

Cet arrêté est ainsi conçu :

ARTICLE PREMIER. Il sera établi dans chaque école primaire publique une bibliothèque *scolaire*.

ART. 2. Cette bibliothèque sera placée sous la surveillance de l'instituteur, dans une des salles de l'école dont elle est la propriété.

Les livres seront rangés dans une armoire-bibliothèque conforme au modèle annexé à la circulaire du 31 mai 1860.

ART. 3. La bibliothèque *scolaire* comprendra :

1° Le dépôt des livres de classe à l'usage de l'école;

2° Les ouvrages concédés à l'école par le Ministre de l'instruction publique;

3° Les livres donnés par les préfets, au moyen de crédits votés par les conseils généraux;

4° Les ouvrages donnés par les particuliers;

5° Les ouvrages acquis au moyen des ressources propres à la bibliothèque (art. 7).

Art. 4. Aucune concession de livres ne pourra être faite par le Ministre à une bibliothèque *scolaire*, si la commune ne peut justifier :

1° De la possession d'une armoire-bibliothèque;

2° De l'acquisition des livres de classe en quantité suffisante pour les besoins des élèves gratuits.

Art. 5. Les livres de classe seront prêtés, aux moments convenables pour les exercices, à tous les enfants portés sur la liste des admissions gratuites, dressée conformément à l'article 45 de la loi du 15 mars 1850.

Les livres seront également mis entre les mains des élèves payants dont les parents auront souscrit la cotisation *volontaire* indiquée à l'article 7 du présent arrêté.

Les ouvrages mentionnés aux paragraphes 2, 3, 4 et 5 de l'article 3 pourront être prêtés aux familles, lesquelles prendront l'engagement de les rendre en bon état ou d'en restituer la valeur.

Art. 6. Aucun des ouvrages mentionnés aux paragraphes 2, 3, 4 et 5 de l'article 3 ne peut être placé dans les bibliothèques *scolaires*, soit qu'il provienne d'acquisitions, soit qu'il provienne de dons faits par les particuliers, sans l'autorisation de l'inspecteur d'académie.

Art. 7. Les ressources de la bibliothèque *scolaire* se composent :

1° Des fonds spéciaux votés par les conseils municipaux;

2° Des sommes portées au budget pour fourniture de livres aux enfants indigents, et que les conseils municipaux consentiraient à appliquer à la nouvelle fondation;

3° Du produit des souscriptions, dons ou legs destinés à ladite bibliothèque;

4° Du produit des remboursements faits par les familles pour pertes ou dégradations de livres prêtés;

5° D'une cotisation volontaire, fournie par les familles des élèves payants, et dont le taux sera fixé chaque année par le conseil départemental, après avis du conseil municipal.

DES ÉCOLES PUBLIQUES.

Art. 8. L'instituteur communal tiendra trois registres, conformes aux modèles ci-annexés :

1° Catalogue des livres (modèle n° 2);

2° Registre des recettes et des dépenses (modèle n° 3);

3° Registre d'entrée et de sortie des livres prêtés au dehors de l'école (modèle n° 5).

Ces registres, cotés et parafés par le maire, seront visés par l'inspecteur de l'instruction primaire, lors de l'inspection de l'école.

Ils seront communiqués aux autorités scolaires à toute réquisition.

Art. 9. L'instituteur conservera et classera dans un ordre méthodique les mémoires, quittances, lettres et toutes les pièces de correspondance relatifs à la bibliothèque *scolaire*.

Art. 10. Chaque année, au 31 décembre, l'instituteur dresse, en présence du maire, la situation de la bibliothèque ainsi que celle de la caisse. Le procès-verbal constatant cette double opération est adressé à l'inspecteur d'académie par l'intermédiaire de l'inspecteur primaire (modèle n° 4).

Art. 11. A chaque changement d'instituteur, le procès-verbal de récolement et de situation de la caisse est signé par l'instituteur sortant et par son successeur.

L'instituteur sortant n'est déchargé de toute responsabilité qu'après avoir obtenu de l'inspecteur de l'instruction primaire un certificat constatant que les formalités susindiquées ont été remplies et la prise en charge par son successeur.

Art. 12. A leur passage dans l'école, les inspecteurs de l'instruction primaire vérifient les divers registres énumérés à l'article 8. Ils s'assurent que l'acquisition des ouvrages a été faite conformément aux prescriptions de l'article 6 et que la bibliothèque ne contient aucun livre, donné ou légué, dont l'acceptation n'aurait pas été autorisée par l'inspecteur d'académie; ils contrôlent les recettes et les dépenses et constatent, s'il y a lieu, les irrégularités.

Art. 13. A la fin de chaque année, l'inspecteur d'académie adresse au Ministre de l'instruction publique, par l'intermédiaire du recteur, un rapport sur la situation des bibliothèques *scolaires*.

Art. 14. Les recteurs, les préfets, les inspecteurs d'académie et les inspecteurs primaires sont chargés, chacun en ce qui le concerne, de l'exécution du présent règlement, qui sera affiché dans toutes les écoles publiques.

Il est à désirer que la progression constatée jusqu'ici dans le nombre des bibliothèques populaires des écoles publiques ne fasse qu'augmenter, et que, dans un avenir prochain, toutes les communes de France puissent être dotées d'une bibliothèque.

Les souscriptions et les cotisations personnelles, les abonnements, une fois la bibliothèque fondée, les subventions des conseils municipaux et des conseils généraux sont autant de moyens de former un premier noyau de livres, qui ne tarde pas à s'augmenter rapidement, à mesure que le goût de la lecture se répand.

L'Administration, de son côté, vient en aide, dans la mesure des crédits dont elle dispose, aux efforts faits par les communes et les particuliers.

En effet, elle accorde des livres aux communes qui peuvent justifier de la possession d'une armoire-bibliothèque et de l'acquisition de livres de classes en quantité suffisante pour les besoins des élèves gratuits. Ces deux conditions sont les seules imposées, et jusqu'ici toutes les localités qui les avaient remplies ont obtenu des dons de livres.

Le maire, pour obtenir une collection d'ouvrages du Ministère, doit adresser une demande au Ministre par l'intermédiaire du préfet, qui la transmet avec son avis.

DES ECOLES PUBLIQUES.

Cette demande doit porter les indications suivantes :

 DÉPARTEMENT d..
 ARRONDISSEMENT d......................................
 COMMUNE d..
 GARE d...

Questionnaire.

1° L'école est-elle congréganiste ou laïque ?

2° La commune est-elle pourvue d'un corps de bibliothèque ?

3° Le corps de bibliothèque est-il placé dans la salle d'école ?

4° Le conseil municipal a-t-il voté un crédit destiné à l'acquisition de livres de classe en quantité suffisante pour les besoins des élèves gratuits ?

5° La bibliothèque a-t-elle déjà reçu des concessions de l'Administration ?

6° Indiquer les dates de ces concessions.

7° Quelle est la population de la commune ?

8° La population est-elle industrielle, commerçante ou agricole ?

9° Quelle est la religion dominante ?

10° Indication de la ligne et de la station de chemin de fer (gare de petite vitesse) les plus voisines de la commune.

11° Joindre au présent Questionnaire la liste exacte, en suivant l'ordre des séries indiquées au Catalogue officiel, des livres existant déjà dans la bibliothèque.

Quand une commune a déjà reçu une concession de livres du Ministère, elle ne peut en recevoir une nouvelle que deux ans après et si elle justifie de l'acquisition de livres, faite de ses propres deniers.

Les bibliothèques populaires des écoles publiques étant destinées à tous les habitants de la commune indistinctement, et non, comme quelques instituteurs paraissent encore le croire à tort, à leurs élèves ou anciens élèves, l'Administration n'accorde pas, quant à présent, de livres aux écoles de filles, toutes les fois qu'il existe dans la commune une école de garçons pourvue d'une bibliothèque.

Elle se réserve d'examiner plus tard, lorsque chaque commune aura sa bibliothèque à l'école de garçons et que les ressources du budget le permettront, la question d'opportunité de la création de nouvelles bibliothèques dans les écoles de filles.

Les livres donnés par le Ministère sont envoyés *franco*, à l'adresse du maire, à la gare de petite vitesse la plus rapprochée de la commune.

Les communes peuvent s'adresser, pour les livres qu'elles achètent directement avec leurs ressources, soit aux libraires de la localité, s'il y en a, soit aux divers libraires de la province ou de Paris. Mais elles peuvent aussi s'adresser à l'adjudicataire accepté par l'Administration.

DÉSIGNATION D'UN ADJUDICATAIRE DE LA FOURNITURE DES LIVRES.

La fourniture aux communes, sur leur demande, des livres indiqués au catalogue ci-joint a été l'objet d'une adjudication publique, qui a eu lieu le 3 mai 1881 et à laquelle ont été appelés tous les libraires, éditeurs et commissionnaires en librairie.

M. Paul Dupont, libraire-éditeur à Paris, rue Jean-Jacques-Rousseau, n° 41, dont la soumission portait le rabais le plus élevé, a été déclaré adjudicataire.

Cette adjudication, faite pour trois, six ou neuf ans, prendra fin le 3 mai 1890, époque à laquelle aura lieu une adjudication nouvelle.

AVANTAGES PROCURÉS AUX COMMUNES PAR L'ADJUDICATION.

Ces avantages sont les suivants :

1° De ne faire, si elles le désirent, qu'une seule commande, au lieu de s'adresser à plusieurs éditeurs;

2° De recevoir les ouvrages solidement *reliés*, d'après un modèle uniforme [1];

3° De recevoir les volumes demandés, *franco* de port et en bon état, jusqu'à la station du chemin de fer la plus rapprochée de la commune;

4° De n'avoir à payer, pour tous les avantages qui précèdent et pour l'achat du livre lui-même, que le prix fort porté sur le catalogue pour les ouvrages brochés.

Ces divers avantages ne s'appliquent qu'aux ouvrages admis sur les listes officielles publiées ou à publier par l'Administration.

FORME DE LA COMMANDE ET DÉTAIL DES AVANTAGES ACCORDÉS.

Toutes les communes qui, par voie de souscription, par le vote du conseil municipal, par des dons ou par d'autres ressources, auront réuni une somme quelconque pour achat de livres destinés à la bibliothèque populaire de leur école, et qui voudront profiter des avantages stipulés en leur faveur, devront envoyer directement au Ministère de l'instruction publique une demande conforme au modèle placé à la suite de la présente note et indiquant :

1° Le montant de la somme destinée à un achat de livres;

2° La liste des ouvrages, choisis dans le catalogue, avec l'in-

---

[1] Sauf les exceptions portées au paragraphe 2 de l'article 1er du cahier des charges, et mentionnées ci-après (page xxiv).

dication exacte de la série à laquelle appartient l'ouvrage, du numéro d'ordre, du titre, du nom de l'auteur, du prix fort;

3° L'indication de la gare de chemin de fer la plus voisine de la commune et de la ligne sur laquelle cette gare est située.

L'adjudicataire, auquel la commande sera immédiatement transmise par le Ministère, expédiera aux communes, dans un délai d'un mois, les ouvrages demandés; ces ouvrages seront reliés en toile bisonne grise, avec titre au dos du livre, et seront transportés *franco* jusqu'à la gare du chemin de fer la plus voisine de la commune du destinataire.

Le prix de la fourniture est fixé de telle sorte que la commune payera, pour l'ouvrage relié et transporté *franco*, le prix fort de l'ouvrage broché. Toutefois l'obligation de livrer les ouvrages reliés ne s'applique pas aux petits livres ou brochures dont le prix fort ne dépasse pas 50 centimes, et à ceux qui se vendent solidement cartonnés.

Ainsi, une commune qui demandera des livres, dont le prix fort pour les ouvrages brochés (c'est le prix porté dans la dernière colonne du catalogue ci-joint) serait de 25 francs, recevra ces livres *franco* et *reliés* pour 25 francs.

L'adjudicataire informera la commune destinataire de l'expédition de la commande.

Les dons et souscriptions destinés à l'achat de livres pour la bibliothèque populaire de l'école sont versés, avec cette affectation spéciale, dans la caisse du receveur municipal.

Le prix sera payé par la commune à l'adjudicataire de la manière suivante :

Pour le payement du prix des livres, commandés en vertu de l'adjudication, le maire délivre, sur la caisse du receveur municipal, un mandat au profit, non de l'adjudicataire, mais du trésorier général, qui s'en charge en recette à titre de *cotisations municipales et particulières*, et qui reste ensuite chargé de faire parvenir les fonds à l'adjudicataire en un mandat sur le Trésor, et, par suite, sans qu'il en résulte aucuns frais pour les communes.

L'adjudicataire ne pourra, sous aucun prétexte, substituer un ouvrage à un de ceux commandés, alors même que ce dernier serait épuisé en librairie. Il devra, dans ce cas, renvoyer la commande à l'Administration, en signalant l'ouvrage épuisé. Celle-ci désignera l'ouvrage qui devra le remplacer sur la feuille de commande, qu'elle renverra rectifiée à l'adjudicataire, et informera officiellement le maire de la substitution.

L'adjudicataire ne pourra joindre à ses envois aucun papier manuscrit ou imprimé, aucun catalogue ni aucune pièce. Le ballot ne devra contenir absolument que les seuls ouvrages commandés.

Les réclamations relatives aux fournitures comprises dans l'adjudication doivent être adressées directement au Ministre.

MODÈLE DE COMMANDE.

La commune de............... arrondissement de...............
département de............... met à la disposition de M. Paul Dupont, adjudicataire de la fourniture des livres aux bibliothèques populaires des écoles publiques, la somme de [1].................... ci [2].......... pour lui fournir les ouvrages dont la liste est ci-jointe, qui sont destinés à la bibliothèque populaire de l'école et qui devront être reliés et expédiés en franchise, par petite vitesse, dans le délai de quinze jours à partir de la réception de la commande par l'adjudicataire, à la gare de............... ligne de...
.... le........... 188..

    Le Maire,   *L'Instituteur,*
  (Cachet de la mairie.)   (Visa du ministère de l'instruction publique.)

BIBLIOTHÈQUE POPULAIRE DE L'ÉCOLE PUBLIQUE
de la commune d..
arrondissement d...
département d..
Gare d..

COMMANDE DE LIVRES.

NUMÉROS D'ORDRE.	NOMS DES AUTEURS.	TITRES DES OUVRAGES.	NOMBRE de VOLUMES.	FORMAT.	PRIX FORT.
		Série A. — *Ouvrages généraux.* — *Grammaires, etc.*			
		Série B. — *Histoire et Biographies.*			
		Série C et séries suivantes. — (*Comme au catalogue.*)			
		Somme totale due par la commune pour la fourniture des ouvrages reliés et envoyés *franco*...			

[1] Indiquer la somme en toutes lettres.
[2] Indiquer la somme en chiffres.

ORDRE DES SÉRIES.

Série A. Ouvrages généraux. — Grammaires et Dictionnaires.
Série B. Histoire et Biographies.
Série C. Géographie et Voyages.
Série D. Littérature et Morale.
Série E. Ouvrages destinés plus particulièrement aux enfants.
Série F. Économie politique. — Législation usuelle et Connaissances utiles.
Série G. Sciences mathématiques, physiques et naturelles.
Série H. Hygiène.
Série I. Industrie.
Série K. Agriculture. — Horticulture. — Sylviculture. — Pisciculture, etc.
Série L. Beaux-Arts et Arts industriels.

CATALOGUE

D'OUVRAGES DE LECTURE.

Série A. — Ouvrages généraux. — Grammaires et Dictionnaires.

NOMS DES AUTEURS.	TITRES DES OUVRAGES.	NOMBRE de volumes.	FORMAT.	PRIX FORT.	ÉDITEURS.
				fr. c.	
Beaujean....	Petit dictionnaire universel (abrégé de Littré).	1	In-12.	3 00	Hachette.
Bénard......	Dictionnaire classique universel.........	1	Idem.	2 60	Belin.
Bouillet.....	Dictionnaire universel d'histoire et de géographie...................	1	In-8°.	21 00	Hachette.
Idem........	Dictionnaire universel des sciences et des arts.....................	1	Idem.	21 00	Idem.
Brachet.....	Grammaire historique de la langue française................	1	In-12.	3 00	Hetzel.
Cadet (Ernest).	Dictionnaire de législation usuelle........	1	Idem.	5 50	Belin.
Cocheris.....	Notions d'étymologie	1	In-18.	2 50	Delagrave.
Dezobry et Bachelet...	Dictionnaire d'histoire et de biographie....	2	In-8°.	25 00	Idem.
Idem........	Dictionnaire des lettres...............	2	Idem.	25 00	Idem.
Grégoire.....	Dictionnaire classique d'histoire.........	1	In-12.	9 00	Garnier.
Idem........	Dictionnaire historique	1	In-8°.	20 00	Idem.
Larousse.....	Nouveau dictionnaire de la langue française (illustré).................	1	In-12.	2 60	Boyer.
Idem........	Grammaire littéraire (livre du maître).....	1	Idem.	3 00	Idem.
Lemaire.....	Grammaire française	1	In-8°.	4 00	Delalain.
Littré.......	Dictionnaire de la langue française, abrégé par Beaujean, avec supplément historique.	1	Idem.	13 00	Hachette.
Louandre....	Dictionnaire d'histoire	1	In-12.	4 00	P. Dupont.
Maigne......	Dictionnaire classique des origines, inventions et découvertes dans les arts, les sciences et les lettres...................	1	In-8°.	5 00	Boyer.
Privat-Deschanel et Focillon	Dictionnaire des sciences..............	2	Idem.	32 00	Delagrave.
Roche (Ant.).	Synonymes français.................	1	In-12.	1 00	Idem.
Sardou......	Dictionnaire des synonymes............	1	Idem.	3 50	Idem.
Sonnet.......	Dictionnaire des mathématiques appliquées.	1	In-8°.	30 00	Hachette.
Divers	Le Magasin d'éducation..............	34	Idem.	238 00	Hetzel.
	Chaque volume séparément..........	1	Idem.	7 00	Idem.

SÉRIE A. — OUVRAGES GÉNÉRAUX, GRAMMAIRES, ETC.

NOMS DES AUTEURS.	TITRES DES OUVRAGES.	NOMBRE de volumes.	FORMAT.	PRIX FORT.	ÉDITEURS.
				fr. c.	
Divers	Le Magasin pittoresque	48	In-4°.	336 00	Mag. pitt.
	Chaque année	1	Idem.	7 00	Idem.
Idem	La Mosaïque, revue pittoresque (1873-1879)	6	Idem.	42 00	Librairie du Moniteur.
	Chaque volume séparément	1	Idem.	7 00	
Idem	Le Journal de la jeunesse (1873-1881)	16	Idem.	160 00	Hachette.
	Chaque volume séparément	1	Idem.	10 00	Idem.
Idem	La Lecture en famille (1874-1880)	7	In-8°.	35 00	Hennuyer.
	Chaque volume	1	Idem.	5 00	Idem.

SÉRIE B. — HISTOIRE ET BIOGRAPHIES.

Série B. — Histoire et Biographies.

I. — Histoire ancienne.

NOMS DES AUTEURS.	TITRES DES OUVRAGES.	NOMBRE de volumes.	FORMAT.	PRIX FORT.	ÉDITEURS.
				fr. c.	
Bachelet.....	Histoire ancienne, grecque et romaine.....	1	In-18.	4 00	Courcier.
Chasles (Em.).	Grands faits de l'histoire ancienne........	1	In-12.	2 50	Blériot.
Dauban.....	Récits historiques. — Histoire grecque....	1	Idem.	2 25	Delagrave.
Idem.......	Histoire de la Grèce ancienne............	1	Idem.	2 25	Idem.
Duruy (V.)...	Histoire sainte.....................	1	Idem.	3 00	Hachette.
Idem.......	Histoire grecque...................	1	Idem.	4 00	Idem.
Idem.......	Histoire romaine...................	1	Idem.	4 00	Idem.
Feuilleret....	Les Romains en Afrique..............	1	Gr. 8°.	1 30	E. Ardant.
Josèphe (Flavius).....	Le siège de Jérusalem.................	1	In-16.	2 00	Hachette.
Michelet.....	Histoire de la République romaine......	2	In-12.	7 00	C. Lévy.
Petit de Julleville......	Histoire grecque....................	1	Idem.	2 50	Lemerre.
Plutarque....	Vies des Romains illustres (édition Feillet)..	1	In-16.	2 25	Hachette.
Idem.......	Vies des hommes illustres de Rome (édition abrégée) traduction Ricard revue par Dauban........................	2	In-8°.	7 00	Delagrave.
Idem.......	Vies des Grecs illustres (idem)...........	1	In-12.	2 25	Hachette.
Talbot......	Histoire romaine....................	1	Idem.	2 50	Lemerre.
Un professeur d'histoire..	Histoire ancienne....................	1	Idem.	1 50	Delagrave.
Van den Berg.	Petite histoire ancienne des peuples de l'Orient........................	1	In-18.	3 50	Hachette.
Xénophon...	Expédition des Dix mille..............	1	In-16.	2 00	Idem.

II. — Histoire de France.

Anquez......	Histoire de France...................	1	In-18.	3 50	Hetzel.
Bachelet.....	Idem............................	2	Idem.	8 00	Courcier.
Boiteau (P.)..	État de la France en 1789............	1	In-8°.	6 00	Garnier.
Bonnechose (Em. de)....	Histoire de France...................	2	In-12.	7 00	Didot.
Bordier et Ed. Charton.	Histoire de France illustrée, jusqu'en 1830.	2	In-8°.	15 00	Mag. pitt.
Chanzy (Le g^{al})	La deuxième armée de la Loire.........	1	In-18.	4 00	Plon.
Chasles (Em.).	Grands faits de l'histoire de France.....	1	In-12.	3 00	Blériot.
Choublier....	Histoire de France..................	1	Idem.	4 00	Delalain.
Clamageran..	La France républicaine...............	1	Idem.	3 50	G. Baillière.

SÉRIE B. — HISTOIRE ET BIOGRAPHIES.

NOMS DES AUTEURS.	TITRES DES OUVRAGES.	NOMBRE de volumes.	FORMAT.	PRIX FORT.	ÉDITEURS.
				fr. c.	
Courgeon....	Récits de l'histoire de France...........	2	In-16.	7 00	Hachette.
Delord (Taxile)	Histoire du second empire.............	6	In-8°.	42 00	G. Baillière.
Despois......	Le vandalisme révolutionnaire..........	1	In-18.	3 50	Idem.
Desprez.....	L'armée de Sambre-et-Meuse	1	In-12.	0 75	Dumaine.
Ducoudray...	Cent récits d'histoire de France.........	1	In-4°.	4 00	Hachette.
Ducoudray et Feillet....	Simples récits d'histoire de France......	1	In-16.	2 00	Idem.
Duruy (V.)...	Histoire de France....................	2	Idem.	8 00	Idem.
Idem........	Introduction générale à l'histoire de France.	1	Idem.	3 50	Idem.
Duvergier de Hauranne (Mme Ernest)..	Histoire populaire de la Révolution française.	1	Idem.	3 50	G. Baillière.
Fabre (Colonel)	Précis de la guerre franco-allemande.....	1	In-18.	4 00	Plon.
Freycinet (De)	La guerre en province pendant le siège de Paris.......................	1	In-12.	3 50	C. Lévy.
Guizot......	Édouard III et les bourgeois de Calais....	1	In-16.	1 25	Hachette.
Idem........	Histoire de France racontée à mes petits-enfants, depuis les origines jusqu'à 1789..	5	Gr. 8°.	30 00	Idem.
Idem........	Histoire de France racontée à mes petits-enfants, de 1789 à 1848; leçons recueillies par Mme de Witt, née Guizot........	2	Idem.	48 00	Idem.
Joinville.....	Histoire de saint Louis................	1	In-16.	1 25	Idem.
Idem........	Histoire de saint Louis (édition Millaud)...	1	Idem.	3 00	Plon.
Jurien de la Gravière.	Guerres maritimes sous la République et l'Empire (avec cartes)...............	2	In-18.	7 00	Charpentier
Lacombe.....	Petite histoire du peuple français........	1	In-16.	1 25	Hachette.
Le Faure (Am.)	Histoire de la guerre franco-allemande....	2	In-8°.	15 00	Garnier.
Leroy.......	Lectures sur l'histoire de France........	1	In-12.	4 00	Belin.
Lock (F.)...	Histoire de la Restauration............	1	Idem.	0 60	G. Baillière.
Martin (H.)..	Histoire de France populaire...........	6	In-8°.	48 00	Jouvet.
Michelet.....	Louis XI et Charles le Téméraire........	1	In-16.	1 00	Hachette.
Mignet......	Histoire de la Révolution française	2	Idem.	7 00	Didier.
Moreau (Christophe)....	Les Gaulois, nos aïeux................	1	Gr. 8°.	1 25	Mame.
Moulin......	Les Marins de la République...........	1	In-32.	0 80	Charavay.
Napoléon Ier..	Campagnes d'Italie, d'Égypte et de Syrie...	3	In-16.	6 00	Hachette.
Quinet (Edgar)	Histoire de la campagne de 1815.......	1	In-12.	3 50	G. Baillière.
Idem........	La Révolution......................	3	Idem.	10 50	Idem.
Raffy.......	Grands faits de l'histoire de France depuis 1789.......................	1	Idem.	2 50	Pedone-Lauriel.
Raynald.....	Histoire de la Restauration............	1	In-8°.	5 00	Hetzel.
Retz (Card. de)	Mémoires, abrégés par Feillet..........	1	In-16.	2 25	Hachette.
Roche (Ant.)..	Consulat et Empire...................	1	Idem.	3 00	Delagrave.

SÉRIE B. — HISTOIRE ET BIOGRAPHIES.

NOMS DES AUTEURS.	TITRES DES OUVRAGES.	NOMBRE de volumes.	FORMAT.	PRIX FORT.	ÉDITEURS.
				fr. c.	
Roy........	Henri IV jugé par ses paroles, sa vie et ses écrits...........................	1	In-12.	0 75	Lefort.
Idem.......	Histoire de Louis XII................	1	Idem.	1 00	Idem.
Thierry (Aug.).	Essai sur l'histoire du Tiers État.........	1	Idem.	2 00	Jouvet.
Thiers.....	Waterloo...........................	1	Idem.	2 00	Idem.
Idem.......	Histoire de Law.....................	1	In-18.	3 00	Hetzel.
Idem.......	Histoire de la Révolution française........	2	In-4°.	22 00	Jouvet.
Idem.......	Histoire du Consulat.................	1	Idem.	8 00	Idem.
Idem.......	Histoire de l'Empire..................	4	Idem.	40 00	Idem.
Idem.......	Sainte-Hélène.......................	1	In-12.	2 00	Idem.
Topin (Marius)	L'Europe et les Bourbons sous Louis XIV...	1	Idem.	3 50	Didier.
Un professeur d'histoire..	Histoire de France..................	3	Idem.	4 50	Delagrave.
Idem.......	Idem.............................	1	Idem.	2 50	Idem.
Valentin.....	Histoire des ducs de Bourgogne..........	1	In-8°.	2 50	Mame.
Vaulabelle....	Ligny-Waterloo......................	1	In-4°.	1 50	Garnier.
Vincent (P.)..	Histoire de France et du peuple français...	1	In-12.	1 50	Gédalge.
Voltaire.....	Siècle de Louis XIV...................	1	In-8°.	6 00	Jouvet.
Idem.......	Idem.............................	1	In-12.	3 00	Garnier.
Idem.......	Idem (édition Louandre)...............	1	In-18.	3 50	Charpentier
Idem.......	Idem (édition Dauban)................	1	In-12.	2 75	Delagrave.
Wathled.....	Souvenirs de l'armée d'Afrique..........	1	Idem.	2 50	Challamel.
Zeller.......	Les fils de Clotaire...................	1	P. 16.	0 50	Hachette.
Zévort (Edg.).	Histoire de Louis-Philippe.............	1	In-18.	0 60	G. Baillière.
Anonyme....	Histoire populaire illustrée de la France...	4	In-8°.	32 00	Hachette.
Idem.......	La Gaule et les Gaulois................	1	P. 16.	0 50	Idem.

SÉRIE B. — HISTOIRE ET BIOGRAPHIES.

III. — Histoires étrangères.

NOMS DES AUTEURS.	TITRES DES OUVRAGES.	NOMBRE de volumes.	FORMAT.	PRIX FORT.	ÉDITEURS.
				fr. c.	
Bachelet	Les Arabes, origines, mœurs, etc.	1	In-8°.	1 00	Mégard.
Chotteau	La guerre de l'Indépendance	1	In-18.	3 50	Charpentier
Combes	La Grèce	1	Idem.	0 60	G. Baillière.
Despois	Les révolutions d'Angleterre (1603-1688)	1	Idem.	0 60	Idem.
Fleury	Abrégé de l'histoire d'Angleterre	1	In-16.	4 00	Hachette.
Jouault	Abraham Lincoln	1	Idem.	1 25	Idem.
Idem	Washington	1	Idem.	1 25	Idem.
Lacombe	L'Angleterre	1	P. 16.	0 50	Idem.
Laugel	Les États-Unis pendant la guerre (1861-1865)	1	In-12.	3 50	G. Baillière.
Macaulay	Révolution anglaise, en 1688	2	In-18.	7 00	Charpentier
Idem	Histoire du règne de Guillaume III	4	Idem.	14 00	Idem.
Maze (Hipp.)	La République des États-Unis	1	Idem.	1 00	Librairie centrale des publications populaires.
Mignet	Histoire de Marie Stuart	2	In-12.	7 00	Didier.
Prescott	Conquête du Mexique	1	In-16.	1 00	Hachette.
Rambaud (Alf.)	La domination française en Allemagne. (Les Français sur le Rhin, 1792-1804.)	1	In-12.	3 50	Didier.
Idem	La domination française en Allemagne. (L'Allemagne sous Napoléon Iᵉʳ.)	1	Idem.	3 50	Idem.
Idem	Histoire de la Russie	1	In-16.	6 00	Hachette.
Roche (Ant.)	Histoire d'Angleterre	2	In-12.	6 00	Delagrave.
Thierry (Aug.)	Histoire de la conquête d'Angleterre	4	In-18.	8 00	Jouvet.
Idem	Idem	2	In-8°.	12 00	Idem.
Idem	Idem	4	In-12.	8 00	Garnier.
Véron (Eug.)	Histoire de la Prusse, depuis la mort de Frédéric II jusqu'à la bataille de Sadowa	1	In-18.	3 50	G. Baillière.
Voltaire	Histoire de Charles XII	1	In-16.	1 60	Hachette.
Idem	Idem	1	In-12.	3 00	Garnier.
Idem	Idem (édition Grégoire)	1	Idem.	1 60	Belin.
Idem	Idem (édition Geoffroy)	1	In-18.	1 60	Delagrave.

SÉRIE B. — HISTOIRE ET BIOGRAPHIES.

NOMS DES AUTEURS.	TITRES DES OUVRAGES.	NOMBRE de volumes.	FORMAT.	PRIX FORT.	ÉDITEURS.
	IV. — Biographies et mémoires.			fr. c.	
Armagnac....	Histoire de Turenne................	1	In-12.	1 20	Mame.
Aubigné (D')..	Histoire de Bayard.................	1	In-16.	1 00	Hachette.
Audiganne...	François Arago.....................	1	In-18.	1 25	Capelle.
Bachelet.....	Les hommes illustres de la France.......	1	In-8°.	2 25	Mégard.
Badin (Ad.)..	Jean Bart.........................	1	In-16.	1 25	Hachette.
Barante (De).	Histoire de Jeanne d'Arc.............	1	In-12.	1 25	Didier.
Barbou......	Jules Grévy, président de la République. — Histoire complète de sa vie...........	1	In-32.	1 25	Duquesne.
Bescherelle aîné	Histoire de Duguay-Trouin...........	1	Idem.	0 65	E. Ardant.
Idem........	Histoire de Jean-Bart................	1	In-12.	0 65	Idem.
Boissonnas (Mme)......	Un vaincu, souvenirs du général Robert Lee.	1	In-18.	3 50	Hetzel.
Bonnechose (Em. de)....	Histoire de Bertrand Duguesclin........	1	In-16.	1 25	Hachette.
Idem........	Le général Hoche..................	1	Idem.	1 25	Idem.
Idem........	Montcalm et le Canada français........	1	Idem.	1 00	Idem.
Cadet (Félix).	Turgot (1727-1781)................	1	In-18.	0 30	Libr. centrale.
Challamel (A.)	Colbert..........................	1	In-12.	1 00	Idem.
Charton (Ed.).	Histoire de trois enfants pauvres........	1	In-16.	1 25	Hachette.
Colomb (Fernand).	La vie et les découvertes de Christophe-Colomb......................	1	In-18.	2 00	Dreyfous.
Corne.......	Le cardinal Mazarin	1	In-16.	1 25	Hachette.
Idem........	Le cardinal de Richelieu.............	1	Idem.	1 25	Idem.
Desclozières..	Vie et inventions de Ph. de Girard......	1	In-8°.	2 00	Pigoreau.
Idem........	Biographies des grands inventeurs.......	2	In-12.	4 00	Idem.
Desprez.....	Kléber et Marceau (avec cartes)........	1	Idem.	3 50	Dumaine.
Idem........	Lazare Hoche (avec cartes)...........	1	Idem.	2 50	Idem.
Duruy (G.)...	Histoire de Turenne................	1	In-16.	1 00	Hachette.
Dutemple et Foville....	Vie politique et militaire du général Hoche.	1	In-12.	2 00	Ghio.
Ernouf......	Denis Papin......................	1	In-16.	1 25	Hachette.
Idem........	Deux inventeurs célèbres.............	1	Idem.	1 25	Idem.
Idem........	Histoire de trois ouvriers français.......	1	Idem.	1 25	Idem.
Feillet......	Histoire de Bayard.................	1	Idem.	1 25	Idem.
Girardin (J.)..	Vie et voyages de Christophe Colomb, d'après Washington Irving..............	1	In-8°.	1 50	Idem.
Gœpp et Cordier.	Les grands hommes de la France. — Hommes de guerre: Duguesclin et Bayard (avec 2 portraits).................	1	In-12.	3 00	Ducrocq.
Idem........	Les grands hommes de la France. — Navigateurs: Bougainville, d'Entrecasteaux, Lapérouse, Dumont d'Urville (avec cartes).	1	Idem.	2 00	Idem.

SÉRIE B. — HISTOIRE ET BIOGRAPHIES.

NOMS DES AUTEURS.	TITRES DES OUVRAGES.	NOMBRE de volumes.	FORMAT.	PRIX fort.	ÉDITEURS.
Gœpp et Cordier.	Les grands hommes de la France. — Marins: Jean Bart, Duguay-Trouin, Suffren.	1	In-12.	fr. c. 3 00	Ducrocq.
Gourdault.	La jeunesse du grand Condé.	1	Idem.	1 20	Mame.
Guibout.	Les princes de Condé.	1	In-8°.	2 25	Mégard.
Jonveaux.	Histoire de quatre ouvriers anglais.	1	In-16.	1 25	Hachette.
Joubert.	Vauquelin.	1	In-8°.	0 80	Mame.
Idem.	Richard-Lenoir.	1	Idem.	0 80	Idem.
Idem.	Dumont d'Urville.	1	Idem.	0 80	Idem.
Idem.	Parmentier.	1	Idem.	0 80	Idem.
Kœnig.	Raphaël.	1	Idem.	0 90	Idem.
Idem.	Jean Bart.	1	Idem.	0 90	Idem.
Idem.	Duguay-Trouin.	1	Idem.	0 90	Idem.
Labouchère.	Oberkampf.	1	In-16.	1 25	Hachette.
La Landelle (De)	Jean Bart et Charles Keyser.	1	Idem.	3 50	Idem.
Idem.	Duguay-Trouin.	1	In-12.	2 00	Lecoffre.
Lamartine.	Christophe Colomb.	1	Idem.	1 00	C. Lévy.
Idem.	Guillaume Tell, Bernard Palissy.	1	Idem.	1 00	Idem.
Idem.	Jeanne d'Arc.	1	Idem.	1 00	Idem.
Idem.	Nelson.	1	Idem.	1 00	Idem.
Idem.	Cicéron.	1	Idem.	1 00	Idem.
Idem.	Jacquard.	1	Idem.	1 00	Idem.
Lascaux (De).	Benjamin Franklin.	1	Idem.	0 30	Chassel.
Lee Childe (Mme)	Le général Lee.	1	P. 16.	0 50	Hachette.
Maisonneuve.	Histoire de la Tour d'Auvergne.	1	In-8°.	3 50	Librairie du Moniteur.
Martin (H.).	Jeanne d'Arc.	1	In-18.	1 00	Librairie centrale des publications populaires.
Maze (Hipp.).	Kléber.	1	Idem.	1 00	Idem.
Mazas.	Bertrand Du Guesclin.	1	In-12.	2 00	Lecoffre.
Idem.	Arthur de Bretagne.	1	Idem.	2 00	Idem.
Ménard (Th.).	Louis de la Trémouille.	1	In-8°.	2 00	Mame.
Mignet.	Vie de Franklin.	1	In-12.	1 25	Didier.
Muller (Eug.).	Ambroise Paré.	1	In-16.	1 00	Hachette.
Roy.	Histoire du maréchal de Catinat.	1	In-12.	0 85	Lefort.
Idem.	Histoire de Vauban.	1	Idem.	1 00	Idem.
Idem.	Colbert, contrôleur général des finances.	1	Idem.	0 75	Idem.
Idem.	Le chancelier d'Aguesseau.	1	Idem.	0 75	Idem.
Sepet.	Jeanne d'Arc.	1	Idem.	1 20	Mame.
Smiles.	Vie des Stephenson.	1	Idem.	4 00	Plon.
Tyndall.	Faraday inventeur.	1	In-18.	2 00	Gauthier-Villars.
Wallon.	Jeanne d'Arc.	1	Idem.	1 00	Hachette.
Idem.	Idem.	2	Idem.	7 00	Idem.

SÉRIE B. — HISTOIRE ET BIOGRAPHIES.

V. — DIVERS.

NOMS DES AUTEURS.	TITRES DES OUVRAGES.	NOMBRE de volumes.	FORMAT.	PRIX FORT.	ÉDITEURS.
				fr. c.	
Barrau	La patrie	1	In-16.	1 50	Hachette.
Bonnefoy	La France héroïque	1	In-12.	3 00	Fischbacher
Dalsème	Le siège de Bitche	1	Idem.	2 00	Dentu.
Delon	Simples lectures préparant à l'étude de l'histoire	1	In-32.	1 25	Cinqualbre.
Fallet	Les bienfaiteurs de l'humanité	1	Gr. 8°.	1 25	Mégard.
Falvert (De)	Le siècle de la Renaissance	1	In-8°.	2 25	F.-F. Ardant
Fezensac (De)	Souvenirs militaires (1804-1814)	1	In-12.	3 50	Dumaine.
Franklin	Mémoires (traduction Laboulaye)	1	In-16.	1 25	Hachette.
Gœpp et Ducoudray.	Le patriotisme en France	1	Idem.	1 25	Idem.
Gosset	Histoire du moyen âge	1	In-12.	2 50	Lemerre.
Grégoire et Dauban	Histoire du moyen âge	1	Idem.	3 50	Delagrave.
Lacombe	Le patriotisme	1	Idem.	2 25	Hachette.
Lacroix (D.)	Histoire anecdotique du drapeau français	1	Idem.	2 50	P. Dupont.
Idem	Les enfants sauveteurs	1	Idem.	2 25	Idem.
Larchey (Lorédan)	Mémorial illustré des deux sièges de Paris (1870-1871)	2	In-4°.	14 00	Librairie du Moniteur.
Levot	Récits de naufrages	1	In-12.	2 50	Challamel.
Maréchal (E.)	Précis d'histoire contemporaine de 1789 à 1848	1	Idem.	6 00	Delalain.
Michelet	Précis d'histoire moderne	1	Idem.	3 50	C. Lévy.
Idem	Histoire universelle	1	Idem.	3 50	Idem.
Muller (Eug.)	La jeunesse des hommes célèbres	1	In-18.	3 00	Hetzel.
Pigeonneau	Les grandes époques de l'histoire ancienne, grecque et romaine, et de l'histoire du moyen âge	1	Idem.	2 00	Belin.
Piotrowski	Souvenirs d'un Sibérien	1	In-16.	1 25	Hachette.
Raffy	Lectures historiques	7	In-18.	21 00	Pedone-Lauriel
Idem	Grands faits de l'histoire de France et de l'histoire moderne	1	Idem.	2 50	Idem.
Idem	Grands faits de l'histoire ancienne et de l'histoire générale du moyen âge	1	Idem.	2 50	Idem.
Rambaud (Alf.)	Français et Russes	1	In-12.	3 50	Berger-Levrault.
Risler et Althalin	Neuf-Brisach	1	Idem.	2 00	Idem
Siebecker	Les grands jours de l'Alsace	1	In-18.	2 50	Cinqualbre.
Turenne	Mémoires	1	In-16.	2 00	Hachette.

SÉRIE B. — HISTOIRE ET BIOGRAPHIES.

NOMS DES AUTEURS.	TITRES DES OUVRAGES.	NOMBRE de volumes.	FORMAT.	PRIX FORT.	ÉDITEURS.
				fr. c.	
Un professeur d'histoire..	Histoire des temps modernes	1	In-12.	2 00	Delagrave.
Idem	Histoire du moyen âge	1	Idem.	2 50	Idem.
Valentin	Histoire abrégée des croisades	1	Idem.	1 20	Mame.
Vétault	Godefroi de Bouillon	1	Idem.	1 20	Idem.
Young (Arthur)	Voyages en France pendant les années 1787, 1788 et 1789	2	In-8°.	15 00	Guillaumin.
Zurcher et Margollé...	Les naufrages célèbres	1	In-16.	2 25	Hachette.
Idem	Histoire de la navigation	1	In-18.	3 00	Hetzel.
Anonyme	Les célébrités de l'atelier	1	Idem.	1 50	Sarlit.
Idem	Les invasions barbares	1	In-32.	0 50	Hachette.

SÉRIE C. — GÉOGRAPHIE ET VOYAGES.

NOMS DES AUTEURS.	TITRES DES OUVRAGES.	NOMBRE de volumes.	FORMAT.	PRIX PORT.	ÉDITEURS.

Série C. — Géographie et Voyages.

I. — ATLAS ET DICTIONNAIRES GÉOGRAPHIQUES.

NOMS DES AUTEURS.	TITRES DES OUVRAGES.	Nb.	FORMAT.	PRIX fr. c.	ÉDITEURS.
Bazin et F. Cadet...	Atlas spécial de la France............	1	In-4°.	5 00	Picard.
Bonnefont....	Atlas de géographie ancienne (27 cartes)...	1	Idem.	3 00	Fourant.
Idem........	Atlas général de géographie contemporaine.	1	Idem.	12 00	Idem.
Cortambert...	Petit atlas de géographie moderne........	1	Gr. 8°.	2 50	Hachette.
Drioux et Leroy.	Atlas universel de géographie ancienne, romaine, du moyen âge, moderne et contemporaine...................	1	In-4°.	12 50	Belin.
État-major...	Carte des environs de Paris (9 feuilles)...	1	In-fol.	4 50	Dumaine.
Génie militaire	Carte de France, noire (4 feuilles)........	1	Idem.	2 00	Idem.
Idem........	Idem, coloriée (4 feuilles).............	1	Idem.	3 00	Idem.
Hubault.....	Atlas de géographie et d'histoire.........	1	Gr. 4°.	10 00	Belin.
Joanne......	Petit dictionnaire de la France	1	In-12.	6 00	Hachette.
Levasseur....	La France et ses colonies (atlas).........		Idem.	3 00	Delagrave.
Périgot......	Atlas de géographie moderne...........	1	In-4°.	6 50	Idem.
Wachter et Hennequin.	Atlas élémentaire de topographie (40 planches, 300 dessins, cartes ou plans)....	1	Idem.	2 00	Dupont.
Anonyme....	Petit atlas départemental de la France.....	1	In-8°.	1 00	Hachette.

II. — FRANCE ET COLONIES.

NOMS DES AUTEURS.	TITRES DES OUVRAGES.	Nb.	FORMAT.	PRIX	ÉDITEURS.
Alvarès et Manuel....	La France (lectures courantes).	4	In-12.	5 00	Delagrave.
Blerzy.......	Torrents, fleuves et canaux de la France...	1	In-32.	0 60	G. Baillière.
Bruno	Le tour de France par deux enfants.......	1	In-12.	1 30	Belin.
Charton (Ch.).	Les Vosges pittoresques................	1	Idem.	2 00	Chassel.
Drohojowska (Mme)......	L'Algérie	1	Idem.	2 00	P. Dupont.
Dubail......	Géographie de l'Alsace-Lorraine..........	1	In-18.	1 00	Hetzel.
Duluc......	France physique, administrative, militaire et économique...................	1	In-12.	2 50	Dumaine.
Duval (Jules).	L'Algérie......................	1	Idem.	3 00	Guillaumin.
Fillias	Géographie de l'Algérie................	1	In-16.	1 25	Hachette.
Grégoire	Géographie physique, politique et économique de la France et de ses colonies...	1	In-12.	3 00	Garnier.
Hennequin...	La France. — Configuration physique et topographique par bassins fluviaux et départements.	1	In-4°.	2 25	Andriveau-Goujon.

SÉRIE C. — GÉOGRAPHIE ET VOYAGES.

NOMS DES AUTEURS.	TITRES DES OUVRAGES.	NOMBRE de volumes.	FORMAT.	PRIX FORT.	ÉDITEURS.
Joanne......	Géographie des 89 départements :			fr. c.	
Idem........	Ain............................	1	In-16.	1 00	Hachette.
Idem........	Allier..........................	1	Idem.	1 00	Idem.
Idem........	Alpes (Basses-).................	1	Idem.	1 00	Idem.
Idem........	Alpes (Hautes-).................	1	Idem.	1 00	Idem.
Idem........	Cantal.........................	1	Idem.	1 00	Idem.
Idem........	Charente.......................	1	Idem.	1 00	Idem.
Idem........	Charente-Inférieure.............	1	Idem.	1 00	Idem.
Idem........	Corrèze........................	1	Idem.	1 00	Idem.
Idem........	Côte-d'Or......................	1	Idem.	1 00	Idem.
Idem........	Dordogne......................	1	Idem.	1 00	Idem.
Idem........	Doubs.........................	1	Idem.	1 00	Idem.
Idem........	Drôme.........................	1	Idem.	1 00	Idem.
Idem........	Gard...........................	1	Idem.	1 00	Idem.
Idem........	Garonne (Haute-)..............	1	Idem.	1 00	Idem.
Idem........	Gironde........................	1	Idem.	1 00	Idem.
Idem........	Indre..........................	1	Idem.	1 00	Idem.
Idem........	Indre-et-Loire..................	1	Idem.	1 00	Idem.
Idem........	Isère...........................	1	Idem.	1 00	Idem.
Idem........	Jura...........................	1	Idem.	1 00	Idem.
Idem........	Landes.........................	1	Idem.	1 00	Idem.
Idem........	Loir-et-Cher....................	1	Idem.	1 00	Idem.
Idem........	Loire-Inférieure.................	1	Idem.	1 00	Idem.
Idem........	Loiret..........................	1	Idem.	1 00	Idem.
Idem........	Maine-et-Loire..................	1	Idem.	1 00	Idem.
Idem........	Manche........................	1	Idem.	1 00	Idem.
Idem........	Meurthe.......................	1	Idem.	1 00	Idem.
Idem........	Oise...........................	1	Idem.	1 00	Idem.
Idem........	Puy-de-Dôme..................	1	Idem.	1 00	Idem.
Idem........	Pyrénées-Orientales.............	1	Idem.	1 00	Idem.
Idem........	Rhône.........................	1	Idem.	1 00	Idem.
Idem........	Saône-et-Loire..................	1	Idem.	1 00	Idem.
Idem........	Saône (Haute-).................	1	Idem.	1 00	Idem.
Idem........	Savoie.........................	1	Idem.	1 00	Idem.
Idem........	Seine-et-Marne.................	1	Idem.	1 00	Idem.
Idem........	Seine-et-Oise...................	1	Idem.	1 00	Idem.
Idem........	Sèvres (Deux-).................	1	Idem.	1 00	Idem.
Idem........	Somme.........................	1	Idem.	1 00	Idem.
Idem........	Var............................	1	Idem.	1 00	Idem.
Idem........	Vendée........................	1	Idem.	1 00	Idem.
Idem........	Vienne.........................	1	Idem.	1 00	Idem.

SÉRIE C. — GÉOGRAPHIE ET VOYAGES.

NOMS DES AUTEURS.	TITRES DES OUVRAGES.	NOMBRE de volumes.	FORMAT.	PRIX fort.	ÉDITEURS.
				fr. c.	
Joanne......	Vienne (Haute-).................	1	In-16.	1 00	Hachette.
Idem.......	Vosges......................	1	Idem.	1 00	Idem.
Kleine......	Les richesses de la France........	1	In-18.	3 50	Ducrocq.
Lemire......	Cochinchine française et royaume de Cambodge....................	1	In-12.	4 00	Challamel.
Levasseur....	La France et ses colonies.........	1	Idem.	6 00	Delagrave.
Malte-Brun...	Les jeunes voyageurs en France....	2	Idem.	2 50	Ducrocq.
Meunier (Mme Hipp.).	Entretiens familiers sur la géographie industrielle de la France.........	1	Idem.	2 00	Fischbacher
Montégut (E.).	En Bourbonnais et en Forez.......	1	In-16.	3 50	Hachette.
Niel (O.)....	Géographie de l'Algérie..........	2	In-18.	10 00	Challamel.
Reclus(Onés.).	France, Algérie et colonies........	1	In-16.	5 50	Hachette.
Sachot (O.)..	La France et l'empire des Indes....	1	In-18.	2 00	Sarlit.
Simonin.....	Les grands ports de commerce de la France.	1	Idem.	3 50	Hachette.
Wey........	La Haute-Savoie................	1	Idem.	3 50	Idem.

III. — GÉOGRAPHIE GÉNÉRALE.

Blerzy......	Les colonies anglaises...........	1	In-18.	0 60	G. Baillière.
Cortambert...	Le globe illustré................	1	In-4°.	4 00	Hachette.
Drohojowska (Mme)....	L'Égypte et le canal de Suez.......	1	In-12.	2 00	L'auteur.
Dubois......	Le pôle et l'équateur.............	2	In-18.	4 00	Lecoffre.
Duval (Jules).	Notre planète..................	1	In-16.	3 50	Hachette.
Feuilleret....	Le détroit de Magellan...........	1	Gr. 8°.	1 25	Mame.
Fonvielle (W. De).....	La conquête du pôle nord.........	1	In-18.	4 00	Plon.
Gréhan......	Le royaume de Siam.............	1	In-8°.	3 50	Challamel.
Hennequin...	Petit cours de topographie pratique, illustré de cartes et plans.	1	In-18.	1 25	Andriveau-Goujon.
Kleine......	Les richesses de l'Europe.........	1	In-12.	3 50	Ducrocq.
Lanoye (De)..	La mer polaire.................	1	In-16.	2 25	Hachette.
Idem.......	Grandes scènes de la nature......	1	Idem.	2 25	Idem.
Idem........	La Sibérie.....................	1	Idem.	2 25	Idem.
Mackensie-Wallace...	La Russie.....................	2	In-18.	7 00	Dreyfous.
Maury......	Géographie physique de la mer....	1	Idem.	3 00	Hetzel.
Ott (A.).....	L'Asie occidentale et l'Égypte.....	1	Idem.	0 60	G. Baillière.
Pigeonneau...	Géographie commerciale des cinq parties du monde.......................	1	In-12.	2 25	Belin.
Raffy.......	Lectures géographiques..........	5	Idem.	15 00	Pedone-Lauriel.
Reclus (Élisée)	Les phénomènes terrestres. 1. Les continents.	1	In-16.	1 25	Hachette.

SÉRIE C. — GÉOGRAPHIE ET VOYAGES.

NOMS DES AUTEURS.	TITRES DES OUVRAGES.	NOMBRE de volumes.	FORMAT.	PRIX PORT.	ÉDITEURS.
				fr. c.	
Reclus (Élisée)	Les phénomènes terrestres. II. Les mers et les météores..............	1	In-16.	1 25	Hachette.
Idem.......	La terre..................	2	Gr.-8°.	30 00	Idem.
Idem.......	Histoire d'un ruisseau............	1	In-18.	3 00	Hetzel.
Roche (Ant.).	Géographie physique..........	1	In-12.	1 75	Delagrave.
Sachot (O.)..	Pays d'extrême Orient...........	1	Idem.	2 00	Sarlit.
Idem.......	La Sibérie orientale............	1	In-8°.	7 00	Ducrocq.
Idem.......	Ceylan..................	1	In-12.	2 00	Sarlit.
Un officier français.....	L'Allemagne...............	1	In-18.	5 00	Deshays.
Vivien de Saint-Martin.	Histoire de la géographie et des découvertes géographiques (avec atlas)..........	1	In-8°.	20 00	Hachette.

IV. — VOYAGES.

Agassiz......	Voyage au Brésil.............	1	In-16.	2 25	Hachette.
Augé.......	Voyage aux sept merveilles du monde.....	1	Idem.	2 25	Idem.
Auger (Éd.)..	Récits d'outre-mer.............	1	In-18.	3 00	Didier.
Aunet (Mme Léonie d')....	Voyage d'une femme au Spitzberg........	1	In-16.	2 25	Hachette.
Baker.......	Le lac Albert...............	1	Idem.	2 25	Idem.
Idem.......	L'Afrique équatoriale (abrégé par Wattemare)	1	In-8°.	1 50	Idem.
Idem.......	Exploration du haut Nil (abrégé par Wattemare)................	1	Idem.	1 50	Idem.
Bellenger....	Les récits de Marco Polo..........	1	In-18.	2 00	Dreyfous.
Bellot.......	Journal d'un voyage aux mers polaires.....	1	Idem.	3 50	Garnier.
Berchère.....	Le désert de Suez.............	2	Idem.	3 00	Hetzel.
Biart.......	A travers l'Amérique (couronné par l'Académie française)................	1	In-12.	3 50	Hennuyer.
Bishop......	En canot de papier. (De Québec au golfe du Mexique.)................	1	Idem.	4 00	Plon.
Bois-Robert (De).......	Nil et Danube...............	1	In-8°.	4 00	Courcier.
Brassey (Mme).	Voyage d'une famille autour du monde....	1	Idem.	10 00	Dreyfous.
Bremer (Mlle).	Abrégé des voyages de Mlle Bremer.......	1	In-12.	3 00	Garnier.
Bruce (James)	L'Égypte et la mer Rouge. — Voyage aux sources du Nil, en Nubie et en Abyssinie, 1768-1772, revu et corrigé par Mme la comtesse Drohojowska.............	1	In-4°.	2 40	M. Barbou.
Burnaby.....	Une visite à Khiva............	1	In-18.	4 00	Plon.
Burton......	Voyages du capitaine Burton à la Mecque, aux grands lacs d'Afrique et chez les Mormons (abrégés par Belin de Launay)...	1	In-16.	1 25	Hachette.
Cahun (L.)...	Les aventures du capitaine Magon........	1	In-8°.	10 00	Idem.

SÉRIE C. — GÉOGRAPHIE ET VOYAGES.

NOMS DES AUTEURS.	TITRES DES OUVRAGES.	NOMBRE de volumes.	FORMAT.	PRIX FORT.	ÉDITEURS.
				fr. c.	
Campe......	Découverte de l'Amérique.............	2	In-12.	3 00	Delalain.
Idem........	Idem...............................	1	In-8°.	3 00	Idem.
Idem,.......	Idem...............................	1	In-18.	3 50	Garnier.
Catlin......	La vie chez les Indiens...............	1	In-16.	2 25	Hachette.
Chaillé-Long..	L'Afrique centrale...................	1	In-18.	4 00	Plon.
Charton (Ed.).	Le Tour du Monde (1860-1881). — Chaque année séparément..................	1	In-4°.	25 00	Hachette.
Idem........	Voyageurs anciens et modernes.........	4	In-8°.	24 00	Mag. pitt.
Chateaubriand.	Itinéraire de Paris à Jérusalem (illustré)...	1	Idem.	6 00	Jouvet.
Idem........	Itinéraire de Paris à Jérusalem.........	1	In-12.	3 00	Garnier.
Idem........	Idem...............................	1	In-8°.	1 00	Barbou.
Idem........	Idem...............................	1	Gr. 8°.	3 25	Mame.
Idem........	Voyage en Amérique..................	1	In-8°.	1 20	Rigaud.
Idem........	Voyages en Amérique, en Italie, au mont Blanc...............................	1	In-18.	3 00	Garnier.
Clamageran..	L'Algérie. (Impressions de voyage.).....	1	In-12.	3 50	G. Baillière.
Cook........	Le premier voyage du capitaine Cook, raconté par lui-même.......................	1	In-18.	2 00	Dreyfous.
Cozzens.....	Voyage dans l'Arizona................	1	In-12.	3 50	Garnier.
Idem........	Voyage dans le nouveau Mexique.......	1	Idem.	3 50	Idem.
Denis (F.)...	Le brahme voyageur..................	1	Idem.	1 50	Didot.
Denis et Chauvin...	Les vrais Robinsons..................	1	In-8°.	15 00	Mag. pitt.
Deville......	Excursions dans l'Inde................	1	In-16.	3 50	Hachette.
Dumont d'Urville......	Voyage autour du monde..............	2	In-8°.	30 00	Jouvet.
Idem........	Idem...............................	1	In-18.	2 00	Dreyfous.
Dutreuil de Rhins.....	Le royaume d'Annam et les Annamites...	1	In-12.	4 00	Plon.
Ernouf......	Le Caucase..........................	1	Idem.	4 00	Idem.
Feuilleret....	Voyage à la recherche de sir John Franklin.	1	In-8°.	0 80	Mame.
Idem........	Mungo Park. Sa vie et ses voyages......	1	Gr. 8°.	1 25	Idem.
Fournel.....	Promenades d'un touriste.............	1	In-12.	2 00	Baltenweck.
Fromentin (E.)	Un été dans le Sahara.................	1	Idem.	3 50	Plon.
Goblet d'Alviella (Cte).	Sahara et Laponie	1	Idem.	4 00	Idem.
Idem........	Inde et Himalaya....................	1	Idem.	4 00	Idem.
Gœpp et Cordier.	Les grands hommes de la France. — Navigateurs : Bougainville, d'Entrecasteaux, Lapérouse, Dumont d'Urville (avec cartes).	1	In-12.	3 00	Ducrocq.
Hall	Deux ans chez les Esquimaux (traduction de Mme Loreau)........................	1	In-8°.	1 50	Hachette.
Havard......	La Hollande pittoresque. (Voyage aux villes mortes du Zuyderzée.)..............	1	In-12.	4 00	Plon.

SÉRIE C. — GÉOGRAPHIE ET VOYAGES.

NOMS DES AUTEURS.	TITRES DES OUVRAGES.	NOMBRE de volumes.	FORMAT.	PRIX FORT.	ÉDITEURS.
Hayes.......	La mer libre du pôle. (Abrégé par Belin de Launay.)......................	1	In-16.	fr. c. 2 25	Hachette.
Héricault (D').	Histoire nationale des naufrages et d'aventures de mer.................	1	In-12.	3 00	Gaume.
Hervé et de Lanoye..	Voyages dans les glaces du pôle arctique...	1	In-16.	2 25	Hachette.
Hommaire de Hell (Mme).	Les steppes de la mer Caspienne.........	1	In-18.	3 50	Didier.
Irving (Wash.)	Un tour dans les prairies à l'ouest des États-Unis.....................	1	In-8°.	1 05	Mame.
Jaubert......	Voyage en Arménie et en Perse..........	2	Idem.	7 00	Ducrocq.
Jedina (De)..	Voyage autour de l'Afrique.............	1	Idem.	10 00	Dreyfous.
Johnson.....	Dans l'extrême Far-West (traduction Talandier).......................	1	In-16.	2 25	Hachette.
Jouveaux....	Deux ans dans l'Afrique orientale........	1	In-8°.	2 50	Mame.
Kingston.....	Une croisière autour du monde (traduction Belin de Launay)....................	1	Idem.	5 00	Hachette.
Idem........	Aventures périlleuses chez les Peaux-Rouges.	1	In-18.	2 00	Dreyfous.
Lebrun......	Voyages et découvertes dans l'Afrique....	1	In-12.	1 05	Mame.
Idem........	Voyages et découvertes des compagnons de Colomb.........................	1	Idem.	1 20	Idem.
Idem........	Aventures et conquêtes de Fernand Cortez..	1	Idem.	1 20	Idem.
Idem........	Voyages et aventures du capitaine Cook ...	1	In-8°.	0 90	Idem.
Leclercq (J.).	Un été en Amérique...................	1	In-12.	4 00	Plon.
Idem........	Voyage dans le nord de l'Europe........	1	In-8°.	3 25	Mame.
Livingstone...	Explorations dans l'Afrique australe (1840-1864)........................	1	In-16.	1 25	Hachette.
Idem........	Idem (illustré).......................	1	Idem.	2 25	Idem.
Idem........	Voyage d'exploration au Zambèse et dans l'Afrique centrale..................	1	In-8°.	1 50	Idem.
Idem	Dernier journal (trad. Belin de Launay)...	1	In-16.	1 25	Idem.
Mage.......	Voyage dans le Soudan occidental. (Bibliothèque rose.).......................	1	Idem.	2 25	Idem.
Markham....	La mer glacée du pôle	1	In-16.	2 25	Idem.
Marmier (X.).	Du Danube au Caucase................	1	In-18.	3 50	Garnier.
Idem........	Les voyageurs nouveaux	3	Idem.	10 50	Idem.
Maynard (Le Dr Félix).	Un drame dans les mers boréales.........	1	Idem.	1 25	C. Lévy.
Meignan.....	De Paris à Pékin par la Sibérie..........	1	Idem.	4 00	Plon.
Milton et Cheadle.	Voyage de l'Atlantique au Pacifique, abrégé (traduit par Belin de Launay)........	1	In-16.	2 25	Hachette.
Mouhot	Voyage dans les royaumes de Siam, de Cambodge et de Laos..................	1	Idem.	1 25	Idem.
Idem........	Idem (illustré)......................	1	Idem.	2 25	Idem.
Muller (Eug.).	Un Français en Sibérie	1	In-18.	2 00	Dreyfous.

SÉRIE C. — GÉOGRAPHIE ET VOYAGES.

NOMS DES AUTEURS.	TITRES DES OUVRAGES.	NOMBRE de volumes.	FORMAT.	PRIX FORT.	ÉDITEURS.
				fr. c.	
Nares......	Expédition anglaise au pôle nord (1875-1876). (Traduction Le Clerc.)......	1	In-18.	2 00	Delagrave.
Nordenskiöld.	Lettres racontant son expédition à la découverte du passage nord-est............	1	Idem.	2 00	Dreyfous.
Old Nick.....	La Chine ouverte..................	1	In-8°.	10 00	Garnier.
Orbigny (D').	Voyage dans les deux Amériques (illustré)..	1	Idem.	15 00	Jouvet.
Palgrave.....	Une année dans l'Arabie centrale........	1	In-16.	1 25	Hachette.
Payer.......	La terre de François-Joseph et la mer de la Nouvelle-Zemble (abrégé par Wattemare)	1	In-8°.	1 50	Idem.
Idem........	L'expédition du Tegetthof (traduction Gourdault)........................	1	Idem.	10 00	Idem.
Pfeiffer (Ida).	Voyage à Madagascar...............	1	In-16.	3 50	Idem.
Idem........	Voyage d'une femme autour du monde....	2	Idem	7 00	Idem.
Piron (H.)...	L'île de Cuba.....................	1	In-18.	4 00	Plon.
Poitou (Eug.).	Souvenirs d'Espagne................	1	In-8°.	1 20	Mame.
Idem........	Un hiver en Égypte................	1	In-4°.	5 50	Idem.
Raffray.....	Afrique orientale. (L'Abyssinie.)........	1	In-18.	4 00	Plon.
Raynal......	Les naufragés des îles Auckland........	1	In-8°.	10 00	Hachette.
Révoil......	Voyage au pays des Kangarous.........	1	Gr. 8°.	2 00	Mame.
Idem........	Chasses dans l'Amérique du Nord.......	1	In-8°.	2 50	Idem.
Idem........	Aventures extraordinaires sur terre et sur mer.	1	In-12.	0 65	E. Ardant.
Roussin.....	Une campagne sur les côtes du Japon.....	1	In-16.	3 50	Hachette.
Sachot (O.)..	Grandes cités de l'ouest américain.......	1	Idem.	2 00	Ducrocq.
Idem........	Récits de voyages (aventures, types, etc.)..	1	Idem.	2 00	Idem.
Idem........	Récits de voyages. — (Nègres et Papous.)..	1	Idem.	2 00	Idem.
Schweinfurth.	Au cœur de l'Afrique (traduction Belin de Launay)..........................	1	Idem.	1 25	Hachette.
Smiles......	Voyage d'un jeune garçon autour du monde	1	Idem.	3 00	Plon.
Stahl.......	Mon premier voyage en mer...........	1	Idem.	3 00	Hetzel.
Stanley......	Comment j'ai retrouvé Livingstone (abrégé)	1	Idem.	1 25	Hachette.
Idem........	Idem............................	1	Idem.	2 25	Idem.
Idem........	Lettres (traduction Bellenger)..........	1	Idem.	2 00	Dreyfous.
Idem........	A travers le continent mystérieux (traduction de Mme Loreau)...................	2	In-8°.	20 00	Hachette.
Talbert......	Les Alpes. — Études et souvenirs.......	1	Idem.	1 50	Idem.
Tissandier (G.)	Histoire de mes ascensions............	1	In-18.	2 00	Dreyfous.
Valentin.....	Voyages de Lapérouse...............	1	Idem.	1 20	Mame.
Vambéry.....	Voyages d'un faux derviche dans l'Asie centrale.............................	1	In-16.	2 25	Hachette.
Idem........	Voyages d'un faux derviche dans l'Asie centrale (abrégés par Wattemare).........	1	In-8°.	1 50	Idem.
Vandal......	En karriole. (A travers la Suède et la Norvège.).........................	1	In-18.	4 00	Plon.

SÉRIE C. — GÉOGRAPHIE ET VOYAGES.

NOMS DES AUTEURS.	TITRES DES OUVRAGES.	NOMBRE de volumes.	FORMAT.	PRIX FORT.	ÉDITEURS.
Verne (Jules).	Histoire des grands voyages et des grands voyageurs................	6	In-18.	fr. c. 18 00	Hetzel.
Villetard.....	Le Japon....................	1	In-8°.	1 50	Hachette.
Wallace (A. Russell)...	La Malaisie (abrégé par Wattemare)......	1	*Idem.*	1 50	*Idem.*
Whymper....	Voyages et aventures dans la Colombie anglaise (abrégé par Wattemare)........	1	*Idem.*	1 50	*Idem.*
Wogan (De)..	Six mois dans le Far-West............	1	In-18.	3 50	Didier.
Zurcher et Margollé...	Les naufrages célèbres.............	1	In-16.	2 25	Hachette.
Idem.......	Histoire de la navigation............	1	In-18.	3 00	Hetzel.
Anonyme....	Histoire illustrée des grands voyages au xix° siècle......................	1	In-8°.	2 75	Mégard.

SÉRIE D. — LITTÉRATURE ET MORALE.

Série D. — Littérature et Morale.

I. — Philosophie et Morale.

NOMS DES AUTEURS.	TITRES DES OUVRAGES.	NOMBRE de volumes.	FORMAT.	PRIX FORT.	ÉDITEURS.
				fr. c.	
Audiganne...	La morale des campagnes............	1	In-12.	3 50	Didier.
Barrau......	Devoirs des enfants envers leurs parents....	1	In-16.	0 50	Hachette.
Bonne......	Devoirs envers la patrie.............	1	In-12.	0 30	Delagrave.
Bourguin....	Petit livre de morale en préceptes et en exemples................	1	Idem.	0 80	Gauguet.
Chasles (Em.).	La morale en exemples............	1	Idem.	1 50	Delagrave.
Coignet (Mme).	Cours de morale à l'usage des écoles laïques.	1	Idem.	3 50	Le Chevalier.
Compayré....	Éléments d'éducation civique...........	1	Idem.	1 25	Garcet, Nisius.
Cortis......	Précis de morale................	1	Idem.	2 00	Ducrocq.
Delessert et de Gérando...	Les bons exemples............	2	In-18.	6 00	Didier.
Dufresnoy(Mme)	Faits historiques et moraux..........	1	In-12.	0 45	Rigaud.
Franck......	Morale pour tous................	1	In-16.	1 25	Hachette.
Franklin....	Correspondance (édition Laboulaye)......	3	Idem.	3 75	Idem.
Idem........	Essais de morale................	1	Idem.	1 25	Idem.
Idem........	La science du bonhomme Richard........	1	In-24.	0 10	Loones.
Gérando (De).	Morale pratique................	1	In-8°.	1 30	Mame.
Janet.......	La famille................	1	In-18.	3 50	C. Lévy.
Idem........	Éléments de morale...............	1	Idem.	2 75	Delagrave.
Jolly.......	Hygiène morale................	1	In-12.	2 00	J.-B.Baillière
Jussieu (L. de).	Écrits populaires de Franklin..........	1	In-18.	0 40	Pelletan.
Legouvé.....	Les pères et les enfants au XIXe siècle.....	2	Idem.	6 00	Hetzel.
Idem........	Nos filles et nos fils...............	1	Idem.	3 00	Idem.
Lévêque.....	Harmonies providentielles............	1	In-16.	2 25	Hachette.
Lock et Couly.	La vertu en action...............	1	In-12.	1 25	Delalain.
Idem........	Les prix de vertu...............	3	Idem.	10 50	Delagrave.
Loubens.....	Manuel de morale...............	1	Idem.	1 50	Idem.
Marbeau.....	Le bonheur et les moyens d'en jouir......	1	In-12.	0 20	Rousseau.
Morin (Ern.).	Vie de Montyon................	1	In-16.	0 25	Hachette.
Muller (Eug.).	La morale en action par l'histoire.......	1	In-18.	3 00	Hetzel.
Quitard et Martin....	Morale en action...............	1	Idem.	1 50	Garnier.
Reynaud (J.).	Lectures variées...............	1	In-8°.	6 00	Jouvet.
Rozan.......	La bonté................	1	In-12.	3 50	Ducrocq.

2.

SÉRIE D. — LITTÉRATURE ET MORALE.

NOMS DES AUTEURS.	TITRES DES OUVRAGES.	NOMBRE de volumes.	FORMAT.	PRIX FORT.	ÉDITEURS.
				fr. c.	
Simon (Jules).	Le livre du petit citoyen................	1	In-16.	1 00	Hachette.
Stahl.......	Morale familière....................	1	Idem.	3 00	Hetzel.
....	La sainte Bible, traduction nouvelle par l'abbé Glaire. (Édition catholique.)....	4	In-12.	10 00	Roger et Chernowitz.
....	La Bible, traduction par Segond Oltramare. (Édition protestante.)..............	1	In-8°.	9 50	Fischbacher
....	Le même ouvrage....................	1	In-18.	2 50	Idem.

II. — HISTOIRE DES LITTÉRATURES ET CRITIQUE.

Bonnefon....	Les écrivains célèbres de la France........	1	In-12.	3 50	Fischbacher
Boucher.....	Morceaux choisis de littérature française...	3	Idem.	4 80	Belin.
Bouchot.....	Précis de littérature ancienne...........	1	Idem.	1 75	Delagrave.
Bretignière...	Notions de littérature................	1	In-18.	4 00	Courcier.
Idem........	Notions d'histoire littéraire............	1	Idem.	4 00	Idem.
Chasles (Émile)	Histoire abrégée de la littérature française..	2	In-12.	5 00	Ducrocq.
Demogeot....	Histoire de la littérature française........	1	In-16.	4 00	Hachette.
Étienne......	Histoire de la littérature italienne........	1	Idem.	4 00	Idem.
Feugère.....	Morceaux choisis de littérature (classe de grammaire)......................	2	In-12.	3 00	Delalain.
Idem........	Chefs-d'œuvre de la littérature..........	2	Idem.	6 00	Idem.
Géruzez.....	Histoire abrégée de la littérature française......................	1	Idem.	3 00	Idem.
Idem........	Histoire de la littérature française pendant la Révolution...................	1	In-18.	3 50	Didier.
Gidel.......	Histoire de la littérature française, depuis son origine jusqu'à la Renaissance........	1	In-12.	2 50	Lemerre.
Idem........	Histoire de la littérature française, depuis la Renaissance jusqu'à la fin du XVII° siècle.	1	Idem.	2 50	Idem.
Godefroy....	Prosateurs français des XVII° et XVIII° siècles.	1	Idem.	4 00	Gaume.
Idem........	Prosateurs français du XIX° siècle........	1	Idem.	4 00	Idem.
Grisol et Lebaigue..	Morceaux choisis de littérature française...	3	Idem.	7 50	Belin.
Louandre....	Histoire de la littérature française par les monuments.....................	1	In-12.	3 00	P. Dupont.
Maigrot.....	Illustrations littéraires de la France.......	1	In-8°.	7 00	Ducrocq.
Meynal......	Morceaux choisis de littérature..........	3	In-12.	2 25	Belin.
Nisard (Désiré).	Précis de l'histoire de la littérature française.	1	In-18.	4 00	Didot.
Noël........	Morceaux choisis de littérature..........	1	In-12.	1 60	Belin.
Pressard.....	Lectures littéraires et morales..........	1	Petit 16.	1 25	Hachette.
Roche (Ant.).	Les poètes français..................	1	In-18.	3 50	Delagrave.
Idem........	Les prosateurs français...............	1	Idem.	4 00	Idem.
Saucié......	Histoire de la littérature française........	1	In-12.	2 50	Mame.

SÉRIE D. — LITTÉRATURE ET MORALE.

NOMS DES AUTEURS.	TITRES DES OUVRAGES.	NOMBRE de volumes.	FORMAT.	PRIX FORT.	ÉDITEURS.
Théry.......	Histoire élémentaire de la littérature française............	1	In-12.	fr. c. 1 50	P. Dupont.
Vinet.......	Chrestomathie française...............	3	In-8°.	16 00	Fischbacher
Divers......	Anthologie des prosateurs français depuis le xii° siècle jusqu'à nos jours..........	1	In-12.	2 50	Lemerre.
Idem.......	Anthologie des poètes français depuis le xvi° siècle jusqu'à nos jours..........	1	Idem.	2 50	Idem.

III. — LITTÉRATURES ANCIENNES (TRADUCTIONS).

Hérodote....	Récits (édition Bouchot)................	1	In-8°.	3 00	Delagrave.
Homère.....	Beautés de l'Iliade et de l'Odyssée (édition Feillet)........................	1	In-16.	2 25	Hachette.
Pessonneaux..	Les grands poètes de la Grèce. (Extraits et notices.)........................	1	In-18.	3 50	Charpentier
Tite-Live....	Histoires et narrations choisies (traduction Pannelier)........................	1	Idem.	2 00	Delalain.
Virgile......	Œuvres choisies (édition Feillet).......	1	In-16.	2 25	Hachette.

IV. — LITTÉRATURE FRANÇAISE JUSQU'À LA FIN DU XVIII° SIÈCLE (sauf le théâtre).

Bernardin de Saint-Pierre	Œuvres choisies....................	1	In-16.	2 25	Hachette.
Boileau.....	Œuvres (édition Louandre)..........	1	Idem.	3 50	Charpentier
Idem.......	Idem (édition Sainte-Beuve)........	1	Idem.	3 00	Garnier.
Idem.......	Idem...........................	2	In-12.	4 00	Cattier.
Idem.......	Œuvres poétiques..................	1	Idem.	1 50	Delagrave.
Idem.......	Idem (édition Aubertin)............	1	Idem.	1 50	Belin.
Idem.......	Idem (édition Travers).............	1	Idem.	1 50	Delagrave.
Bossuet.....	Oraisons funèbres.................	1	In-8°.	4 00	Cattier.
Idem.......	Idem...........................	1	In-12.	3 50	Ducrocq.
Idem.......	Idem...........................	1	In-18.	3 00	Hetzel.
Idem.......	Bossuet de la jeunesse (édition Saucié)....	1	In-8°.	2 50	Mame.
Idem.......	Discours sur l'histoire universelle (édition Jacquinet).....................	1	In-12.	2 50	Belin.
Idem.......	Idem (édition Louandre)............	1	In-18.	3 50	Charpentier
Idem.......	Idem (édition Delachapelle).........	1	In-12.	2 50	Delagrave.
Idem.......	Idem (édition Lefranc).............	1	Idem.	2 50	Delalain.
Idem.......	Idem...........................	1	Idem.	3 00	Garnier.
Idem.......	Idem...........................	1	Idem.	2 00	Cattier.
Idem.......	Idem...........................	1	In-8°.	3 00	Rigaud.

SÉRIE D. — LITTÉRATURE ET MORALE.

NOMS DES AUTEURS.	TITRES DES OUVRAGES.	NOMBRE de volumes.	FORMAT.	PRIX FORT.	ÉDITEURS.
				fr. c.	
Bourdaloue, Fléchier et Massillon...	Chefs-d'œuvre oratoires.............	1	In-8°.	5 00	Jouvet.
Buffon......	Œuvres choisies...................	1	Idem.	2 50	Mame.
Idem.......	Morceaux choisis (édition Hémardinquer)..	1	In-12.	1 50	Delagrave.
Fénelon.....	Fables...........................	1	In-18.	0 60	Idem.
Idem.......	Aventures de Télémaque............	1	In-12.	1 60	Belin.
Idem.......	Idem...........................	1	In-18.	3 00	Garnier.
Idem.......	Idem...........................	1	Idem.	2 50	Didier.
Idem.......	Œuvres choisies...................	1	In-12.	3 00	Garnier.
Idem.......	Idem...........................	1	In-8°.	2 50	Mame.
Idem.......	Morceaux choisis (édition Didier).....	1	In-12.	1 75	Delagrave.
Fléchier....	Oraisons funèbres.................	1	Idem.	2 00	Cattier.
Idem.......	Idem (édition Didier).............	1	Idem.	1 50	Delagrave.
Florian.....	Fables...........................	1	In-18.	0 60	Delalain.
Idem.......	Choix de fables (édition Rogier)......	1	Idem.	0 75	Belin.
Idem.......	Choix de fables...................	1	In-12.	0 50	Mame.
Gautier (L.)..	La chanson de Roland..............	1	In-8°.	2 50	Idem.
La Bruyère...	Les caractères.....................	1	In-12.	2 00	Cattier.
La Fontaine..	Fables (édition Louandre)...........	1	In-18.	3 50	Charpentier
Idem.......	Idem...........................	2	In-16.	5 00	E. Picard.
Idem.......	Idem (édition illustrée par Grandville)....	1	In-12.	4 50	Mame.
Idem.......	Idem...........................	1	Idem.	3 00	Garnier.
Idem.......	Idem (édition Colincamp)...........	1	Idem.	1 60	Delagrave.
Idem.......	Idem (édition de Guerle)...........	1	Idem.	1 60	Delalain.
Idem.......	Idem (édition Ruelle)..............	1	In-16.	1 25	P. Dupont.
Idem.......	Idem (édition Aubertin)............	1	In-12.	1 60	Belin.
Idem.......	Idem (illustrées)..................	1	In-8°.	6 00	Ducrocq.
Idem.......	Idem...........................	1	Idem.	6 00	Jouvet.
Idem.......	Fables annotées par Buffon.........	1	In-12.	3 50	Jouaust.
Malherbe....	Poésies.........................	1	Idem.	2 00	Cattier.
Massillon, Fléchier et Mascaron...	Oraisons funèbres (édition Villemain)....	1	Idem.	3 00	Garnier.
Montesquieu..	Grandeur et décadence des Romains.....	1	In-8°.	3 50	Ducrocq.
Idem.......	Idem (édition Grégoire)............	1	In-12.	1 25	Belin.
Pascal.......	Pensées.........................	1	Idem.	3 00	Delagrave.
Idem.......	Idem (édition Faugère)............	1	Idem.	2 50	Delalain.
Idem.......	Idem...........................	1	Idem.	2 00	Cattier.
Sévigné (Mme de)...	Lettres choisies...................	1	In-8°.	6 00	Jouvet.
Idem.......	Choix de lettres..................	1	In-18.	3 00	Firm. Didot.
Idem.......	Nouveau choix de lettres...........	1	Idem.	2 50	Mame.

SÉRIE D. — LITTÉRATURE ET MORALE.

NOMS DES AUTEURS.	TITRES DES OUVRAGES.	NOMBRE de volumes.	FORMAT.	PRIX FORT.	ÉDITEURS.
Théry.......	Nouveau choix des meilleurs prosateurs français du second ordre................	2	In-12.	fr. c. 3 00	Delagrave.
Voltaire.....	Siècle de Louis XIV..................	1	Idem.	2 75	Belin.
Idem........	Lettres choisies (édition Fallex)..........	2	Idem.	5 00	Delagrave.

V. — LITTÉRATURE FRANÇAISE DU XIXe SIÈCLE.

Ampère (André-Marie).	Journal et correspondance.............	1	In-18.	3 00	Hetzel.
Bourguin.....	Fables...........................	1	In-12.	1 25	Gauguet.
Châteaubriand	Le génie du christianisme.............	1	In-16.	3 50	Hachette.
Idem........	Idem (édition G. Feugère)............	2	In-18.	2 80	Delalain.
Idem........	Idem............................	1	In-8°.	1 00	Ch. Barbou.
Idem........	Les martyrs......................	1	Idem.	3 25	Idem.
Idem........	Idem............................	2	In-18.	2 00	C. Lévy.
Deroulède....	Chants du soldat...................	1	Idem.	1 00	Idem
Idem........	Nouveaux chants du soldat...........	1	Idem.	1 00	Idem.
Hüe (Mme S.).	Les maternelles (poésies).............	1	In-16.	2 50	Hachette.
Hugo (Victor).	Odes et ballades....................	1	In-16.	3 50	Idem.
Idem........	Les enfants. — Livre des mères (poésies)..	1	In-12.	3 00	Hetzel.
Idem........	Les Orientales. — Les feuilles d'automne. — Les chants du crépuscule.	1	In-16.	3 50	Hachette.
Lafayette (De).	Le poème des champs................	1	Idem.	3 50	Idem.
Lamartine....	Le tailleur de pierres de Saint-Point.....	1	Idem.	1 25	Idem.
Idem........	Idem............................	1	In-12.	1 25	Jouvet.
Idem........	Lectures pour tous..................	1	In-18.	3 50	Hachette.
Idem........	Christophe Colomb..................	1	Idem.	1 00	C. Lévy.
Idem........	Nelson...........................	1	Idem.	1 00	Idem.
Idem........	Jacquard.........................	1	Idem.	1 00	Idem.
Idem........	Morceaux choisis à l'usage des classes.....	1	Idem.	2 00	Hachette.
Laprade (De).	Pernette (poème)...................	1	In-12.	3 50	Didier.
Idem........	Le livre d'un père (poésies)...........	1	In-18.	3 00	Hetzel.
Manuel (Eug.).	Pendant la guerre (poésies)..........	1	Idem.	3 50	C. Lévy.
Quinet (Edgar)	Mes vacances en Espagne............	1	In-12.	3 50	G. Baillière.
Théry........	Cent fables nouvelles................	1	In-18.	1 00	Baltenweck.

SÉRIE D. — LITTÉRATURE ET MORALE.

NOMS DES AUTEURS.	TITRES DES OUVRAGES.	NOMBRE de volumes.	FORMAT.	PRIX FORT.	ÉDITEURS.
	VI. — Littérature étrangère (sauf les romans).			fr. c.	
Dante Alighieri	La divine comédie (traduction Brizeux)...	1	In-12.	3 50	Charpentier
Gœthe......	Hermann et Dorothée (traduction de Linge).	1	Idem.	3 50	Hachette.
Milton......	Le paradis perdu (traduction de Châteaubriand).................	1	Idem.	3 00	Garnier.
Pellico (Silvio)	Mes prisons................	1	Idem.	3 00	Idem.
Idem.......	Idem.....................	1	Idem.	1 50	E. Ardant.
Idem.......	Idem (traduction de La Tour)...........	1	In-18.	3 50	Charpentier
Idem.......	Idem.....................	1	Idem.	0 85	Ch. Barbou.
Tasse (Le)...	Jérusalem délivrée............	1	Gr. 8°.	3 25	Mame.
Idem.......	Idem (édition Desplaces)...........	1	In-18.	3 50	Charpentier
Idem.......	Idem (traduction du prince Lebrun).....	1	In-12.	3 00	Garnier.
	VII. — Théâtre.				
Bornier (De).	La fille de Roland (tragédie)...........	1	In-12.	3 50	Dentu.
Célières (P.)..	Entre deux paravents............	1	In-18.	8 00	Hennuyer.
Idem.......	En scène, S. V. P. — Le théâtre chez soi (proverbes)..................	1	Idem.	3 50	Idem.
Corneille.....	Théâtre (édition Louandre)...........	2	Idem.	7 00	Charpentier
Idem.......	Théâtre choisi................	1	Idem.	1 75	Delalain.
Idem.......	Idem.....................	1	In-12.	3 00	Garnier.
Idem.......	Idem.....................	2	Idem.	6 00	Idem.
Idem.......	Œuvres choisies...............	2	Idem.	2 00	C. Lévy.
Idem.......	Chefs-d'œuvre (édition Chasles)........	1	Idem.	2 50	Delagrave.
Idem.......	Idem.....................	1	In-8°.	2 50	Mame.
Idem.......	Idem.....................	1	Idem.	3 50	Ducrocq.
Idem.......	Œuvres choisies (illustrées)...........	1	Idem.	6 00	Idem.
Idem.......	Œuvres dramatiques (illustrées)........	1	Idem.	7 00	Jouvet.
Idem.......	Idem.....................	3	In-18.	9 00	Hetzel.
Delavigne (C.)	Les enfants d'Édouard...........	1	In-8°.	1 00	Tresse.
Idem.......	Louis XI..................	1	Idem.	1 00	Idem.
Idem.......	Les Messéniennes..............	1	In-18.	4 00	Didot.
Hugo (Victor).	Théâtre...................	4	In-16.	14 00	Hachette.
Manuel (Eug.).	Les ouvriers (drame en vers)..........	1	In-18.	1 50	C. Lévy.
Molière......	Théâtre choisi................	1	Idem.	1 75	Delalain.
Idem.......	Le Misanthrope...............	1	In-12.	0 40	Delagrave.
Idem.......	Œuvres...................	1	In-8°.	10 00	Didot.
Idem.......	Idem (édition Louandre)............	3	In-18.	10 50	Charpentier

SÉRIE D. — LITTÉRATURE ET MORALE.

NOMS DES AUTEURS.	TITRES DES OUVRAGES.	Nombre de volumes.	FORMAT.	PRIX PORT.	ÉDITEURS.
				fr. c.	
Molière......	Œuvres choisies (illustrées)............	2	In-16.	4 50	Hachette.
Idem........	Idem (illustrées).....................	1	In-8°.	6 00	Ducrocq.
Idem........	Chefs-d'œuvre.......................	2	In-16.	2 50	Hachette.
Idem........	Œuvres complètes....................	3	In-12.	9 00	Garnier.
Idem........	Idem (illustrées)....................	2	In-8°.	14 00	Jouvet.
Ponsard.....	L'Honneur et l'Argent (comédie)........	1	In-18.	2 00	C. Lévy.
Racine......	Chefs-d'œuvre.......................	2	In-16.	2 50	Hachette.
Idem........	Œuvres.............................	1	In-8°.	10 00	Didot.
Idem........	Idem (illustrées).....................	1	Idem.	7 00	Jouvet.
Idem........	Œuvres choisies.....................	1	Idem.	6 00	Ducrocq.
Idem........	Œuvres dramatiques..................	3	In-18.	9 00	Hetzel.
Idem........	Idem (édition Louandre)...............	1	Idem.	3 50	Charpentier.
Idem........	Théâtre choisi.......................	2	Idem.	5 00	Delagrave.
Idem........	Théâtre complet......................	1	In-12.	3 00	Garnier.
Sand (George)	Théâtre de Nohant....................	1	In-18.	3 50	C. Lévy.
Voltaire......	Théâtre choisi.......................	1	In-12.	3 00	Didot.
Divers	Théâtre classique : le Cid, Horace, Cinna, Polyeucte, Britannicus, Esther, Athalie, le Misanthrope, Mérope (avec notes de MM. Aderer, Aulard, Gidel, Henry, Jonette).	1	Idem.	3 00	Belin.
Idem........	Théâtre classique : le Cid, Horace, Cinna, Polyeucte, le Misanthrope, Esther, Athalie, Britannicus	1	Idem.	3 00	Delalain.
Idem........	Théâtre classique....................	1	Idem.	3 00	Delagrave.

VIII. — Romans, contes et nouvelles.
(Français et étrangers.)

NOMS DES AUTEURS.	TITRES DES OUVRAGES.		FORMAT.	PRIX PORT.	ÉDITEURS.
About (Edm.).	Le roman d'un brave homme............	1	In-16.	3 50	Hachette.
Achard (Améd.)	Récits d'un soldat....................	1	In-18.	3 50	C. Lévy.
Andersen....	Contes (traduction Grégoire et Moland)....	3	In-12.	9 00	Garnier.
Bœcher-Stowe (Mme)..	L'oncle Tom (édition Belloc)..........	1	In-18.	3 50	Charpentier.
Idem........	Idem (édition Enault).................	1	In-16.	1 25	Hachette.
Idem........	Une poignée de contes................	1	In-18.	0 50	Bazin et Girardot.
Bernard.....	Les évasions célèbres.................	1	In-16.	2 25	Hachette.
Bernardin de Saint-Pierre.	Paul et Virginie.....................	1	Idem.	1 25	Idem.
Idem........	Idem...............................	1	In-12.	1 20	Mame.
Bersier (Mme).	La bonne guerre.....................	1	Idem.	3 50	Fischbacher
Berthet (Élie).	Les houilleurs de Polignies............	1	In-16.	1 25	Hachette.

SÉRIE D. — LITTÉRATURE ET MORALE.

NOMS DES AUTEURS.	TITRES DES OUVRAGES.	NOMBRE de volumes.	FORMAT.	PRIX FORT.	ÉDITEURS.
				fr. c.	
Boissonnas (Mme)	Une famille pendant la guerre	1	In-18.	3 00	Hetzel.
Bourdon (Mme)	Viviane	1	Idem.	2 00	Mollie.
Branchu (Mlle)	Quelques années de la vie de Marguerite	1	In-12.	1 25	Société des livres religieux de Toulouse.
Bremer (Mlle)	Guerre et paix	1	In-18.	2 00	Bray.
Idem	Les voisins	1	Idem.	3 50	Garnier.
Idem	Le voyage de la Saint-Jean	1	Idem.	3 50	Idem.
Idem	Les filles du président	1	Idem.	3 50	Idem.
Idem	Le foyer domestique	1	Idem.	3 50	Idem.
Bulwer	Les derniers jours de Pompéi	1	Idem.	1 20	Mame.
Idem	Mémoires de Pisistrate Caxton	2	In-16.	2 50	Hachette.
Cahun	La bannière bleue	1	In-8°.	10 00	Idem.
Carraud (Mme)	Une servante d'autrefois	1	In-16.	1 25	Idem.
Célières (P.)	Contez-nous cela	1	In-18.	3 50	Hennuyer.
Idem	Une heure à lire	1	Idem.	3 50	Idem.
Idem	Les grandes vertus	1	Idem.	3 50	Idem.
Cervantès	Don Quichotte (édition illustrée)	2	Idem.	2 50	Ducrocq.
Idem	Idem (illustré)	1	In-16.	2 25	Hachette.
Idem	Idem (complet)	1	In-12.	3 00	Garnier.
Chamisso	L'homme qui a perdu son ombre	1	In-16.	1 50	Hachette.
Charot (Médéric)	Jacques Dumont	1	In-12.	3 50	C. Lévy.
Chasles (Ém.)	Contes de tous pays	1	In-8°.	10 00	Garnier.
Idem	Nouveaux contes de tous pays	1	Idem.	10 00	Idem.
Chotard (R.)	Contes arabes tirés des Mille et une nuits	3	In-12.	1 05	Mame.
Colomb (Mme)	Le bonheur de Françoise	1	In-8°.	5 00	Hachette.
Idem	La fille de Carilès	1	Idem.	5 00	Idem.
Idem	Franchise	1	Idem.	5 00	Idem.
Idem	L'héritière de Vauclain	1	Idem.	5 00	Idem.
Idem	Chloris et Jeanneton	1	Idem.	5 00	Idem.
Idem	Le violoneux de la Sapinière	1	Idem.	5 00	Idem.
Conscience (H.)	Le conscrit	1	In-18.	1 00	C. Lévy.
Idem	Le gentilhomme pauvre	1	Idem.	1 00	Idem.
Idem	Le fléau du village	1	Idem.	1 00	Idem.
Idem	Histoire de deux enfants d'ouvriers	1	Idem.	1 00	Idem.
Conscience (Mme M.)	La pièce de vingt francs	1	In-12.	1 50	Fischbacher
Cooper	Le corsaire rouge	1	In-8°.	3 50	Jouvet.
Idem	Le dernier des Mohicans	1	Idem.	3 50	Idem.
Idem	Idem	1	Idem.	2 00	Rigaud.
Idem	Idem	1	Idem.	2 25	Ch. Barbou.

SÉRIE D. — LITTÉRATURE ET MORALE.

NOMS DES AUTEURS.	TITRES DES OUVRAGES.	NOMBRE de volumes.	FORMAT.	PRIX FORT.	ÉDITEURS.
				fr. c.	
Cooper	L'espion	1	In-8°.	3 50	Jouvet.
Idem	Idem	1	Idem.	1 00	Ch. Barbou.
Idem	Le lac Ontario	1	Idem.	3 50	Jouvet.
Idem	Le pilote	1	Idem.	3 50	Idem.
Idem	Les pionniers	1	Idem.	3 50	Idem.
Idem	Idem	1	Idem.	1 30	F.F. Ardant.
Idem	Idem	1	Idem.	1 00	Ch. Barbou.
Idem	Idem	1	Idem.	2 00	Rigaud.
Idem	La prairie	1	Idem.	3 50	Jouvet.
Idem	Idem	1	Idem.	2 25	Ch. Barbou.
Idem	Le tueur de daims	1	Idem.	3 50	Jouvet.
Idem	Idem	1	Idem.	1 00	Barbou.
Idem	OEil-de-Faucon	1	In-18.	1 50	Rouff.
Idem	Le colon d'Amérique	1	In-8°.	1 00	Ch. Barbou.
Idem	Le porte-chaîne	1	Idem.	1 30	Idem.
Cummins (Miss)	L'allumeur de réverbères	1	In-16.	1 25	Hachette.
Idem	Idem	1	In-8°.	2 25	Ch. Barbou.
Deherrypon	La boutique de la marchande de poissons	1	In-18.	1 25	Hachette.
Delafaye-Brehier (Mme)	Alice	1	Idem.	2 00	Ducrocq.
Deslys (Ch.)	L'ami du village	1	Idem.	3 00	Blériot.
Idem	La balle d'Iéna	1	Idem.	2 00	Idem.
Dickens	Les contes de Noël	1	In-16.	1 25	Hachette.
Idem	Le marchand d'antiquités	1	In-8°.	2 25	E. Ardant.
Idem	Le neveu de ma tante	2	In-18.	2 00	C. Lévy.
Idem	Contes pour le jour des Rois	1	Idem.	1 00	Idem.
Idem	Le grillon du foyer	1	In-8°.	0 90	F.F. Ardant.
Idem	Contes	1	Idem.	2 25	E. Ardant.
Erckmann-Chatrian	L'ami Fritz	1	In-16.	3 00	Hachette.
Idem	Madame Thérèse	1	In-18.	3 00	Hetzel.
Idem	Le fou Yégof	1	Idem.	3 00	Idem.
Idem	Idem	1	In-4°.	1 60	Idem.
Idem	Maître Gaspard Fix	1	In-18.	3 00	Idem.
Idem	Histoire d'un sous-maître	1	Idem.	3 00	Idem.
Idem	Le brigadier Frédéric	1	Idem.	3 00	Idem.
Idem	Le blocus. (Épisode de la fin de l'empire.)	1	Idem.	3 00	Idem.
Idem	Les deux frères	1	Idem.	3 00	Idem.
Idem	Histoire d'un paysan (1789). (Les états généraux.)	1	Idem.	3 00	Idem.
Idem	Histoire d'un paysan (1792). (La patrie en danger.)	1	Idem.	3 00	Idem.

SÉRIE D. — LITTÉRATURE ET MORALE.

NOMS DES AUTEURS.	TITRES DES OUVRAGES.	NOMBRE de volumes.	FORMAT.	PRIX FORT.	ÉDITEURS.
				fr. c.	
Erckmann-Chatrian......	Histoire du plébiscite................	1	In-18.	3 00	Hetzel.
Ernst (Mme)..	Tony Brenner....................	1	In-16.	1 25	Hachette.
Fabre-Massias.	L'Algérie. (Souvenirs militaires.)......	1	In-12.	2 50	Plon.
Ferry (G.)...	Le coureur des bois...............	2	In-16.	7 00	Hachette.
Idem.......	Scènes de la vie sauvage au Mexique.....	1	In-18.	3 50	Charpentier
Fleuriot (Mlle).	Histoires pour tous..............	1	Idem.	2 00	Blériot.
Idem.......	Mandarine...................	1	In-8°.	5 00	Hachette.
Foé (D. de)...	Robinson Crusoé................	1	In-4°.	5 50	Mame.
Idem.......	Idem.......	1	Idem.	5 00	Didot.
Idem.......	Idem.......	1	In-8°.	10 00	Garnier.
Idem.......	Idem.......	1	Idem.	6 00	Ducrocq.
Idem.......	Idem.......	1	In-12.	2 50	Mame.
Idem.......	Idem.......	2	Idem.	2 50	Ducrocq.
Idem.......	Idem.......	1	Idem.	2 50	Garnier.
Idem.......	Idem.......	1	In-16.	2 25	Hachette.
Idem.......	Idem.......	1	In-8°.	2 50	Mégard.
Frank et Alsleben.....	Contes allemands du temps passé........	1	Idem.	7 50	Didier.
Freytag.....	Doit et avoir..................	3	In-16.	3 75	Hachette.
Gaël (Mme)...	Le foyer....................	1	In-12.	1 50	Fischbacher
Galland.....	Les Mille et une nuits (abrégé)........	2	Idem.	2 50	Ducrocq.
Idem.......	Les Mille et une nuits des familles......	3	Idem.	9 00	Garnier.
Gérald (Mme).	Madeleine...................	1	Idem.	3 00	Fischbacher
Idem.......	Une triste histoire...............	1	In-18.	2 50	Idem.
Gérard (Jules).	Le tueur de lions................	1	In-16.	2 00	Hachette.
Idem.......	La chasse au lion...............	1	In-18.	1 00	C. Lévy.
Girardin (J.).	L'oncle Placide.................	1	In-8°.	5 00	Hachette.
Idem.......	Le neveu de l'oncle Placide (1re partie)...	1	Idem.	5 00	Idem.
Idem.......	Idem (2e partie)................	1	Idem.	5 00	Idem.
Idem.......	Idem (3e partie)................	1	Idem.	5 00	Idem.
Idem.......	Fausse route..................	1	Idem.	5 00	Idem.
Idem.......	La nièce du capitaine. — La famille Champborel....................	1	Idem.	1 50	Idem.
Idem.......	Tom Brown...................	1	In-8°.	5 00	Idem.
Idem.......	Contes sans malice...............	1	In-18.	1 50	Idem.
Goldsmith....	Le vicaire de Wakefield (traduction Belloc).	1	Idem.	3 50	Charpentier
Idem.......	Idem (traduction Fournier)...........	1	Idem.	1 25	C. Lévy.
Gotthelf.....	Ulric, le valet de ferme............	1	In-12.	3 50	Fischbacher
Idem.......	Ulric, le fermier................	1	Idem.	3 50	Idem.
Gouraud (Mlle).	Esquisses morales...............	1	In-18.	1 75	Delsol.
Grosselin....	Scènes de l'enfance..............	1	In-12.	0 60	A. Picard.

SÉRIE D. — LITTÉRATURE ET MORALE.

NOMS DES AUTEURS.	TITRES DES OUVRAGES.	NOMBRE de volumes.	FORMAT.	PRIX FORT.	ÉDITEURS.
				fr. c.	
Guerrier de Haupt (Mlle).	Marthe..................	1	In-12.	3 00	Didier.
Habberton...	Récits d'un humoriste, adapté de l'anglais par W. Hughes.................	1	In-18.	3 50	Hennuyer.
Hall.......	Scènes de la vie maritime.............	1	In-16.	1 25	Hachette.
Hauff......	L'auberge du Spessart...............	1	Idem.	2 25	Idem.
Henty......	Les jeunes francs-tireurs (traduction de Mme Rousseau)..............	1	In-8°.	5 00	Idem.
Hollard (Mlle).	Pauvre garçon...............	2	In-12.	6 00	Fischbacher
Isle (Mlle Henriette d')...	Histoire de deux âmes..............	1	Idem.	2 25	Hachette.
Janolin......	L'aïeul...................	1	Idem.	3 50	Didier.
Kompert....	Nouvelles juives (traduction Widal)......	1	In-16.	1 25	Hachette.
Laboulaye....	Contes bleus................	1	In-18.	3 50	Charpentier
Idem........	Abdallah ou le trèfle à quatre feuilles.....	1	Idem.	3 50	Idem.
Idem........	Contes et nouvelles.............	1	Idem.	2 00	Ducrocq.
Lafayette (De).	La prime d'honneur..............	1	In-16.	1 25	Hachette.
Idem........	Petit-Pierre ou le bon cultivateur........	1	Idem.	1 10	Idem.
La Landelle(De)	Naufrages et sauvetages.............	1	Idem.	3 50	Idem.
Idem........	Mœurs maritimes...............	1	Idem.	3 50	Idem.
Le Gall......	La duchesse Anne. (Histoire d'une frégate.)	1	In-12.	1 25	Mame.
Maistre (X. de).	Le lépreux de la cité d'Aoste..........	1	In-18.	1 00	Ch. Barbou.
Idem........	Les prisonniers du Caucase............	1	In-8°.	0 50	Idem.
Malot (H.)...	Sans famille.................	2	In-18.	6 00	Dentu.
Manzoni.....	Les fiancés (traduction de Rey-Dusseuil)...	1	Idem.	3 50	Charpentier
Maréchal (Mlle)	Béatrix...................	1	In-12.	3 00	Blériot.
Idem........	L'institutrice à Berlin.............	1	Idem.	3 00	Idem.
Marlitt......	Gisèle (traduit de l'allemand).........	2	Idem.	6 00	Didot.
Marmier (X.).	L'arbre de Noël................	1	In-16.	2 25	Hachette.
Idem........	La maison.................	1	In-12.	2 50	Lecoffre.
Idem........	Robert Bruce................	1	In-16.	3 50	Hachette.
Idem........	Récits américains...............	1	In-8°.	0 80	Mame.
Marryat (Le capitaine).	Le pirate..................	1	Idem.	1 00	E. Ardant.
Idem........	L'aspirant de marine.............	1	Idem.	1 30	Idem.
Idem........	Le pirate ou les trois cutters..........	1	Idem.	1 00	Ch. Barbou.
Masson (Mich.)	Le dévouement................	1	In-16.	2 25	Hachette.
Idem........	Historiettes du père Broussailles........	1	In-12.	3 00	Didier.
Mayne-Reid...	Aventures de terre et de mer..........	1	In-18.	3 50	Hetzel.
Idem........	Les chasseurs de girafes............	1	Idem.	3 50	Idem.
Idem........	Idem...................	1	In-16.	2 25	Hachette.
Idem........	Le chasseur de plantes.............	1	Idem.	2 25	Idem.
Idem........	A fond de cale................	1	Idem.	2 25	Idem.

SÉRIE D. — LITTÉRATURE ET MORALE.

NOMS DES AUTEURS.	TITRES DES OUVRAGES.	NOMBRE de volumes.	FORMAT.	PRIX FORT.	ÉDITEURS.
				fr. c.	
Mayne-Reid..	Les grimpeurs de rochers............	1	In-16.	2 25	Hachette.
Idem........	A la mer.......................	1	Idem.	2 25	Idem.
Idem........	Les vacances des jeunes Boërs........	1	Idem.	2 25	Idem.
Idem........	Les veillées de chasse.............	1	Idem.	2 25	Idem.
Idem........	Les enfants des bois..............	1	In-8°.	1 30	Ch. Barbou.
Idem........	Le désert.......................	1	Idem.	1 30	Idem.
Idem........	L'habitation du désert............	1	In-16.	2 25	Hachette.
Idem........	Les exilés dans la forêt...........	1	Idem.	2 25	Idem.
Idem........	Les chasseurs de bisons...........	1	In-8°.	1 30	E. Ardant.
Idem........	Idem...........................	1	In-18.	1 50	Rouff.
Idem........	Les peuples étranges..............	1	In-16.	2 25	Hachette.
Idem........	Les planteurs de la Jamaïque.......	1	In-18.	3 50	Hetzel.
Idem........	Le désert d'eau dans la forêt......	1	Idem.	3 50	Idem.
Idem........	Les Robinsons de terre ferme......	1	Idem.	3 50	Idem.
Mirval (De).	Le Robinson des sables du désert...	1	In-12.	1 25	Ducrocq.
Muller (Eug.).	Scènes villageoises...............	1	Idem.	2 00	Baltenweck.
Navery (Raoul de)........	L'odyssée d'Antoine...............	1	Idem.	2 00	Blériot.
Idem........	Les Robinsons de Paris...........	1	Idem.	3 00	Idem.
Idem........	Cœurs vaillants...................	1	In-8°.	10 00	Plon.
Idem........	Les naufrageurs..................	1	In-18.	3 50	Hennuyer.
Olivier......	Deux nouvelles vaudoises..........	1	In-12.	2 50	Briddel.
Idem........	L'hiver, récits populaires.........	1	Idem.	3 00	Idem.
Périn et de Navery..	Rose la fleuriste.................	1	Idem.	1 00	Delagrave.
Pernet......	Victor Blanchet..................	1	Idem	2 00	Idem.
Porchat.....	Les colons du rivage..............	1	In-18.	0 90	Idem.
Idem........	La sagesse du hameau.............	1	Idem.	0 60	Idem.
Pressensé (Mme de)........	Le journal de Thérèse.............	1	In-12.	2 50	Fischbacher.
Idem........	Petite mère.....................	1	In-18.	2 50	Idem.
Prosser (Mme).	La porte sans marteau............	1	In-8°.	1 10	Société des livres religieux de Toulouse.
Richebourg (Émile)...	Contes du printemps.............	3	In-18.	2 25	Plon.
Ropartz.....	Récits bretons...................	1	Idem.	2 00	Pedone-Lauriel.
Saintine.....	Picciola.........................	1	In-16.	3 50	Hachette.
Idem........	Idem...........................	1	In-8°.	7 00	Hetzel.
Idem........	Seul !..........................	1	In-16.	3 50	Hachette.
Saint-Jean (Cte de)...	Michel Marion...................	1	In-12.	2 00	Dentu.
Salières.....	Une poignée de héros.............	1	Idem.	3 00	Dumaine.

SÉRIE D. — LITTÉRATURE ET MORALE.

NOMS DES AUTEURS.	TITRES DES OUVRAGES.	NOMBRE de volumes.	FORMAT.	PRIX FORT.	ÉDITEURS.
Sand (George).	Contes d'une grand'mère. — Le château de Pictordu.....................	1	In-18.	fr. c. 3 50	C. Lévy.
Idem........	La petite Fadette................	1	Idem.	3 50	Idem.
Idem........	François le Champi.............	1	Idem.	3 50	Idem.
Idem........	La mare au diable..............	1	Idem.	3 50	Idem.
Sandeau (J.)..	La maison de Pénarvan.........	1	Idem.	3 50	Idem.
Scott (Walter).	Waverley.......................	1	In-8°.	3 50	Jouvet.
Idem........	Idem...........................	1	Idem.	2 50	M. Barbou.
Idem........	Idem...........................	1	Idem.	2 25	F.F. Ardant.
Idem........	Quentin Durward...............	1	In-18.	2 00	Rigaud.
Idem........	Idem...........................	1	In-8°.	3 50	Jouvet.
Idem........	Idem...........................	1	Idem.	2 25	Ch. Barbou.
Idem........	Charles le Téméraire............	1	Idem.	3 50	Jouvet.
Idem........	Richard en Palestine............	1	Idem.	3 50	Idem.
Idem........	La fiancée de Lammermoor......	1	Idem.	3 50	Idem.
Idem........	Guy Mannering.................	1	Idem.	3 50	Idem.
Idem........	Idem...........................	1	Idem.	1 30	Ch. Barbou.
Idem........	Ivanhoé........................	1	Idem.	3 50	Jouvet.
Idem........	Idem...........................	1	Idem.	2 25	F.F. Ardant.
Idem........	Les puritains d'Écosse..........	1	Idem.	1 30	Idem.
Idem........	Le talisman....................	1	Idem.	2 25	Idem.
Sewell (Mme)..	Amy Herbert (traduct. de Mme de Pressensé).	1	In-12.	2 50	Fischbacher
Silva (Mme F. de)........	Les neveux de tante Rosine.....	1	In-8°.	8 00	Lahure.
Smiles.......	Self help......................	1	In-12.	4 00	Plon.
Souvestre....	Au coin du feu.................	1	In-18.	1 00	C. Lévy.
Idem........	Un philosophe sous les toits.....	1	Idem.	1 00	Idem.
Idem........	Mémorial de famille............	1	Idem.	1 00	Idem.
Idem........	Confessions d'un ouvrier........	1	Idem.	1 00	Idem.
Idem........	Les soirées de Meudon..........	1	Idem.	1 00	Idem.
Idem........	La dernière étape...............	1	Idem.	1 00	Idem.
Idem........	Pendant la moisson.............	1	Idem.	1 00	Idem.
Idem........	Récits et souvenirs.............	1	Idem.	2 00	Fischbacher
Stahl........	Les histoires de mon parrain....	1	Idem.	3 00	Hetzel.
Idem........	Histoire d'une famille hollandaise et d'une bande d'écoliers...............	1	Idem.	3 00	Idem.
Idem........	Maroussia......................	1	Idem.	3 00	Idem.
Swift........	Voyages de Gulliver (édition abrégée).....	1	In-16.	2 25	Hachette.
Töpffer......	Le presbytère..................	1	Idem.	3 50	Idem.
Idem........	Nouvelles genevoises............	1	Idem.	3 50	Idem.
Van Bruyssel..	Les clients d'un vieux poirier...	1	In-18.	2 00	Hetzel.
Verne (Jules).	Cinq semaines en ballon........	1	Idem.	3 00	Idem.

SÉRIE D. — LITTÉRATURE ET MORALE.

NOMS DES AUTEURS.	TITRES DES OUVRAGES.	Nombre de volumes.	FORMAT.	PRIX FORT.	ÉDITEURS.
				fr. c.	
Verne (Jules).	Un hivernage dans les glaces.	1	In-18.	3 00	Hetzel.
Idem.	Un capitaine de quinze ans.	2	Idem.	6 00	Idem.
Idem.	Une ville flottante. — Les forceurs de blocus.	1	Idem.	3 00	Idem.
Idem.	Les enfants du capitaine Grant.	3	Idem.	9 00	Idem.
Idem.	Vingt mille lieues sous les mers.	2	Idem.	6 00	Idem.
Idem.	Le pays des fourrures.	2	Idem.	6 00	Idem.
Idem.	Le tour du monde en quatre-vingts jours.	1	Idem.	3 00	Idem.
Idem.	Le Chancellor.	1	In-8°.	5 00	Idem.
Idem.	Idem.	1	In-18.	3 00	Idem.
Idem.	Le docteur Ox.	1	Idem.	3 00	Idem.
Idem.	L'île mystérieuse :				
	— Les naufragés de l'air.	1	Idem.	3 00	Idem.
	— L'abandonné.	1	Idem.	3 00	Idem.
	— Le secret de l'île.	1	Idem.	3 00	Idem.
Idem.	Michel Strogoff.	2	Idem.	6 00	Idem.
Idem.	Les Anglais au pôle nord.	1	Idem.	3 00	Idem.
Idem.	Le désert de glace.	1	Idem.	3 00	Idem.
Idem.	Voyage au centre de la terre.	1	Idem.	3 00	Idem.
Idem.	Aventures de trois Russes et de trois Anglais.	1	Idem.	3 00	Idem.
Idem.	Les tribulations d'un Chinois en Chine.	1	Idem.	3 00	Idem.
Vimont.	Histoire d'un navire.	1	Idem.	2 25	Hachette.
Wallut.	Grandeur et décadence d'une oasis (Marthe Verdier).	1	In-12.	2 00	Baltenweck.
Wetherel (Mme)	Le monde, le vaste monde.	1	Idem.	4 00	Fischbacher
Wiseman.	Fabiola.	1	In-18.	2 25	Ch. Barbou.
Idem.	Idem (illustré).	1	Gr. 8°.	3 25	Mame.
Witt (Mme de), née Guizot.	Le cercle de famille.	1	In-12.	3 00	Didier.
Idem.	Légendes et récits pour la jeunesse.	1	In-8°.	5 00	Hachette.
Wood (Mme).	Le collège d'Orville.	1	In-12.	3 50	Fischbacher
Anonyme.	Maurice le Parisien.	1	Idem.	1 50	Idem.
Idem.	Amour ou patrie.	1	Idem.	2 50	Idem.
Idem.	Le petit duc.	1	Idem.	1 50	Idem.
Idem.	Primavera.	1	Idem.	3 50	Idem.
	IX. — OUVRAGES DIVERS.				
Adam.	Lectures militaires.	1	In-16.	1 50	Hachette.
Charton (Ed.).	Lectures de famille (extraits du Magasin pittoresque).	1	In-4°.	5 00	Mag. pittor.
Cochin.	Conférences et lectures.	1	In-12.	3 50	Didier.
Delon.	Simples lectures préparant à l'étude de l'histoire.	1	In-16.	1 00	Hachette.

SÉRIE D. — LITTÉRATURE ET MORALE.

NOMS DES AUTEURS.	TITRES DES OUVRAGES.	NOMBRE de volumes.	FORMAT.	PRIX FORT.	ÉDITEURS.
				fr. c.	
Épinois (De l').	Les catacombes de Rome.	1	In-12.	3 00	Société bibliographique.
Fournel	Vacances d'un journaliste.	1	*Idem.*	2 00	Baltenweck.
Legouvé	Conférences parisiennes.	1	In-18.	3 00	Hetzel.
Idem.	L'art de la lecture.	1	*Idem.*	3 00	*Idem.*
Menault	L'amour maternel chez les animaux.	1	In-16.	2 25	Hachette.
Messin	Lectures quotidiennes de l'école et de la famille.	1	In-18.	2 50	Gédalge.
Olivier	Récits de chasse et d'histoire naturelle.	1	*Idem.*	3 50	Briddel.
Pelletan (Eug.).	Royan. — La naissance d'une ville.	1	*Idem.*	2 00	Pelletan.
Idem.	Jarousseau, le pasteur du désert.	1	*Idem.*	3 50	*Idem.*
Raymond	Les marines comparées de France et d'Angleterre.	1	In-16.	2 00	Hachette.
Rozan	A travers les mots.	1	In-18.	3 50	Ducrocq.
Idem.	Petites ignorances de la conversation.	1	*Idem.*	3 50	*Idem.*
Vallery-Radot.	Journal d'un volontaire d'un an.	1	*Idem.*	3 00	Hetzel.
Villemarqué (De la)	Légende celtique.	1	In-12.	3 50	Didier.

SÉRIE E. — OUVRAGES DESTINÉS AUX ENFANTS.

Série E. — Ouvrages destinés plus particulièrement aux enfants.

NOMS DES AUTEURS.	TITRES DES OUVRAGES.	NOMBRE de volumes.	FORMAT.	PRIX FORT.	ÉDITEURS.
				fr. c.	
Achard (Améd.)	Histoire de mes amis................	1	In-16.	2 25	Hachette.
Albert-Lévy...	La légende des mois.................	1	In-12.	1 00	Idem.
Arnoul......	Au village..........................	1	In-18.	1 25	Boyer.
Assolant (Alf.).	Histoire du célèbre Pierrot..........	1	Idem.	2 00	Delagrave.
Aubin......	Les petits maraudeurs...............	1	In-12.	1 00	Librairie centrale des publications populaires.
Aveline (D')..	Les petits pâtés de Menzikoff........	1	In-8°.	1 60	Mame.
Barbier (Mlle).	Les merveilles du bon Dieu..........	1	In-18.	3 50	Plon.
Barr........	Le trésor de la maison...............	1	In-8°.	0 80	Mame.
Berquin.....	L'ami des enfants et des adolescents..	1	In-12.	2 00	Garnier.
Idem........	L'ami des enfants...................	1	In-8°.	1 00	E. Ardant.
Idem........	Idem...............................	1	In-18.	2 50	Didier.
Berthet (Élie).	Les petits écoliers dans les cinq parties du monde............................	1	In-8°.	7 00	Jouvet.
Biart (Lucien).	Aventures d'un jeune naturaliste.....	1	In-18.	3 00	Hetzel.
Idem........	Entre frères et sœurs................	1	Idem.	3 00	Idem.
Blandy......	Le petit roi.........................	1	Idem.	3 00	Idem.
Boissonnas (Mme)....	Une famille pendant la guerre........	1	Idem.	3 00	Idem.
Bos d'Elbecq (Mme du).	Le père Fargeau ou la famille du peigneur de chanvre.....................	1	In-16.	1 25	Hachette.
Bréhat (A. de).	Aventures d'un petit Parisien........	1	In-18.	3 00	Hetzel.
Bruno	Francinet. — Principes généraux de morale, d'agriculture et d'industrie..........	1	Idem.	1 50	Belin.
Idem........	Le tour de France par deux enfants...	1	In-12.	1 30	Idem.
Buffon (Extraits de)..	Le Buffon des écoles	1	Idem.	1 80	Sarlit.
Caillard (Mme).	Robert l'apprenti....................	1	In-18.	0 80	Delagrave.
Carraud (M^{dle}).	Contes et historiettes................	1	In-16.	1 10	Hachette.
Idem........	La petite Jeanne ou le devoir........	1	Idem.	2 25	Idem.
Idem........	Maurice ou le travail................	1	Idem.	2 25	Idem.
Castagné (E.).	Les agréments de la veillée..........	1	Idem.	1 50	Gédalge.
Caumont.....	Lectures courantes des écoliers français....	1	In-12.	1 50	Delagrave.
Chantal (De).	La civilité des jeunes personnes......	1	Idem.	1 00	Lecoffre.
Charton (Ed.).	Histoire de trois enfants pauvres.....	1	In-16.	1 25	Hachette.
Chasles (Ém.).	Livre de lectures....................	2	In-12.	3 25	Delagrave.
Cherville (De).	Histoire d'un trop bon chien.........	1	In-18.	3 00	Hetzel.
Colomb (Mme).	Les deux mères.....................	1	In-8°.	5 00	Hachette.

SÉRIE E. — OUVRAGES DESTINÉS AUX ENFANTS.

NOMS DES AUTEURS.	TITRES DES OUVRAGES.	NOMBRE de volumes.	FORMAT.	PRIX FORT.	ÉDITEURS.
				fr. c.	
Colomb (Mme).	Simples récits................	1	In-8°.	1 50	Hachette.
Cornaz (Mlle Suzanne)..	Les enfants et leurs amis........	1	In-12.	3 50	Fischbacher
Croy (R. de)..	Marie....................	1	In-18.	0 65	M. Barbou.
Cuir........	Les petits écoliers (avec gravures)......	1	In-16.	0 90	Hachette.
Delafaye-Brehier (Mme).	Les petits Béarnais.............	2	In-12.	4 00	Didier.
Desbordes-Valmore (Mme).	Poésies de l'enfance............	1	Idem.	2 50	Garnier.
Idem........	Contes et scènes de la vie de famille.....	2	Idem.	5 00	Idem.
Dupuis (Mme Eudoxie)..	Toinette et Louison.............	1	In-18.	0 60	Delagrave.
Idem........	Daniel Hureau................	1	Idem.	1 50	Idem.
Idem........	Cyprienne et Cyprien............	1	Idem.	1 50	Idem.
Idem........	La famille de la meunière.........	1	Idem.	0 75	Idem.
Durand (V.)..	Lectures choisies sur l'histoire de notre patrie.	1	In-16.	1 50	Hachette.
Edgeworth (Miss)....	Contes de l'enfance.............	1	Idem.	2 25	Idem.
Idem........	Contes de l'adolescence...........	1	Idem.	2 25	Idem.
Idem........	Les jeunes industriels............	8	In-18.	12 00	Loones.
Idem........	Contes familiers...............	1	Idem.	2 50	Garnier.
Idem........	Demain, suivi de Mourad le malheureux...	1	In-16.	2 25	Hachette.
Farine.......	Jocrisse soldat................	1	In-18.	2 00	Ducrocq.
Faujat de Paucellier.....	Le petit roi..................	1	Idem.	0 60	Casterman.
Fénelon......	Fables.....................	1	Idem.	0 60	Delagrave.
Fleuriot (Mlle).	Plus tard...................	1	Idem.	2 25	Hachette.
Idem........	Grandcœur..................	1	In-8°.	5 00	Idem.
Florian......	Fables.....................	1	In-18.	0 60	Delalain.
Idem........	Idem......................	1	Idem.	2 50	Garnier.
Idem........	Idem (illustrées par Grandville).......	1	In-8°.	10 00	Idem.
Idem........	Choix de fables (notes de Rogier)......	1	In-12.	0 75	Belin.
Foé (Daniel de)	Robinson Crusoé (illustré)..........	1	Idem.	3 00	Didot.
Idem........	Idem (illustré)................	1	In-4°.	5 50	Mame.
Idem........	Idem (illustré)................	2	In-12.	2 50	Idem.
Idem........	Idem......................	2	Idem.	2 50	Ducrocq.
Idem........	Idem......................	1	Idem.	1 90	E. Ardant.
Idem........	Idem (illustré)................	1	In-8°.	10 00	Garnier.
Idem........	Idem......................	1	In-18.	2 50	Idem.
Idem........	Idem (illustré)................	1	In-16.	2 25	Hachette.
Galland.....	Les Mille et une nuits (abrégé).......	2	In-18.	2 50	Ducrocq.
Gavet.......	Cent récits moraux.............	1	Idem.	1 60	Fouraut.

SÉRIE E. — OUVRAGES DESTINÉS AUX ENFANTS.

NOMS DES AUTEURS.	TITRES DES OUVRAGES.	NOMBRE de volumes.	FORMAT.	PRIX FORT.	ÉDITEURS.
				fr. c.	
Girardin (J.)..	Les braves gens............	1	In-8°.	5 00	Hachette.
Idem.......	Nous autres..............	1	Idem.	5 00	Idem.
Idem.......	Petits contes alsaciens.......	1	Idem.	1 50	Idem.
Idem.......	Les gens de bonne volonté.....	1	Idem.	1 50	Idem.
Idem.......	Un peu partout............	1	In-16.	1 00	Idem.
Idem.......	Un peu partout............	1	Idem.	2 25	Idem.
Gouraud (Mlle).	Les quatre pièces d'or........	1	Idem.	2 25	Idem.
Idem.......	L'enfant du guide..........	1	Idem.	2 25	Idem.
Idem.......	Les enfants de la ferme.......	2	Idem.	5 00	Didier.
Guizot (Mme).	L'écolier................	1	Idem.	0 65	E. Ardant.
Idem.......	Histoire d'un louis d'or.......	1	In-12.	1 50	Colin.
Guyau	Première année de lecture courante.	1	In-18.	4 50	Hachette.
Hawthorne...	Le livre des merveilles.......	2	In-12.	1 25	Belin.
Henrion.....	Le monde des jeunes filles.....	1	In-8°.	2 00	Garnier.
Hervey......	Petites histoires...........	1	In-18.	0 60	Société des livres religieux de Toulouse.
Hoffmann (F.).	Martin le tisserand (traduction Dombre)..	1			
Houet (E.)...	Pierre Dumont. — Livre de lecture courante............	1	In-12.	1 50	Delagrave.
Humbert	Jean le dénicheur..........	1	In-18.	0 50	Hachette.
Jeannel......	Petit-Jean...............	1	In-12.	1 50	Delagrave.
Jussieu (L. de).	Fables et contes en vers.......	1	In-18.	1 25	Idem.
Idem.......	Histoire de Cloud-Grandgambe...	1	In-12.	1 25	Pelletan.
Idem.......	Écrits populaires de Franklin...	1	In-18.	0 40	Idem.
Idem.......	Antoine et Maurice..........	1	Idem.	1 25	Idem.
Idem.......	Simon de Nantua...........	1	In-12.	1 25	Idem.
Idem.......	Histoires et causeries morales...	1	Idem.	1 50	Delagrave.
Kergomard (Mme P.)..	Galerie enfantine des hommes illustres....	1	G. in-18.	2 00	Hachette.
Idem.......	Les biens de la terre. (Causeries enfantines.)	1	In-18.	1 50	Fischbacher
Krafft-Bucaille (Mme).....	Le secret d'un dévouement.....	1	In-12.	3 00	Didier.
Laboulaye....	Contes bleus.............	1	In-18.	3 50	Charpentier
Idem.......	Abdallah ou le trèfle à quatre feuilles.....	1	Idem.	3 50	Idem.
Idem.......	Contes et nouvelles.........	1	Idem.	2 00	Ducrocq.
La Fontaine..	Fables (édition illustrée par Grandville)....	1	In-12.	4 50	Mame.
Idem.......	Idem (édition Ruelle)........	1	Idem.	1 25	P. Dupont.
Idem.......	Fables annotées par Buffon.....	1	Idem.	3 50	Jouaust.
Lebrun......	Livre de lecture courante.....	4	In-18.	4 40	Hachette.
Leprince de Beaumont (Mme).....	Magasin des enfants.........	2	In-12.	5 00	Garnier.
Macé (J.)...	Les contes du petit château....	1	In-18.	3 00	Hetzel.

SÉRIE E. — OUVRAGES DESTINÉS AUX ENFANTS. 37

NOMS DES AUTEURS.	TITRES DES OUVRAGES.	Nombre de volumes.	FORMAT.	PRIX FORT.	ÉDITEURS.
				fr. c.	
Macé (J.)....	Théâtre du petit château...............	1	In-18.	3 00	Hetzel.
Maigne......	Petites leçons sur les principales inventions industrielles et les principales industries..	1	Idem.	1 00	Belin.
Mallès de Baulieu......	Robinson de douze ans...............	1	Idem.	1 25	Ducrocq.
Marcel (Mme J.)	Les petits vagabonds................	1	In-16.	2 25	Hachette.
Idem........	Le bon frère...................	1	Idem.	2 25	Idem.
Idem........	L'école buissonnière............	1	Idem.	2 25	Idem.
Idem........	Histoire d'une grand'mère et de son petit-fils..........................	1	Idem.	2 25	Idem.
Maréchal (Mlle)	La dette de Ben-Aïssa...............	1	Idem.	2 25	Idem.
Idem........	Les aventures de Jean-Paul Riquet.......	1	Idem.	3 00	Blériot.
Idem........	La maison modèle...................	1	Idem.	2 25	Hachette.
Marmier....	L'arbre de Noël...................	1	Idem.	2 25	Idem.
Marryat.....	Les enfants de la Forêt-Neuve...........	1	In-12.	3 00	Fischbacher
Mayne-Reid..	Les deux filles du squatter.............	1	In-18.	3 50	Hetzel.
Mirval (De)..	Le Robinson des sables du désert........	1	Idem.	1 25	Le Clère.
Molesworth (Mme).	Grand'mère chérie (traduction de Mlle de Montigny).....................	1	Idem.	2 00	Garnier.
Mussat (Mlle Louise)....	Le grenier de la vieille dame...........	1	In-8°.	1 60	Mame.
Navery (Raoul de)......	Les aventures de Martin Tromp.........	1	Idem.	8 00	Plon.
Nyon......	Aventures de Claude La Ramée...........	1	In-18.	2 00	Ducrocq.
O'Kennedy (Mlle)	Une heure instructive et amusante.......	1	Idem.	0 50	Mame.
Idem........	Souvenirs d'une glaneuse..............	1	Idem.	0 40	Idem.
Ory (Mme Stéphanie)...	Marguerite ou la jeune aveugle..........	1	Idem.	0 40	Idem.
Pape-Carpantier (Mme).	Histoires et leçons de choses............	1	In-16.	2 25	Hachette.
Idem........	Lectures et travail pour les enfants et les mères........................	1	Idem.	1 25	Idem.
Percy-St-John.	Le Robinson du Nord................	1	In-8°.	1 30	E. Ardant.
Perrault.....	Contes de fées....................	1	In-18.	0 75	Idem.
Idem........	Contes de fées illustrés...............	1	In-16.	2 25	Hachette.
Idem........	Idem.........................	1	In-18.	2 50	Garnier.
Pichard (Mlle).	Madame Adeline. — Récits d'une institutrice........................	1	Idem.	0 80	Belin.
Pinet et Drohojowska (Mmes)	Les vertus du peuple..	1	Idem.	1 25	Ducrocq.
Pitolet (Mme).	Le bonheur retrouvé.................	1	Idem.	1 25	Delagrave.
Pitray (Mme de)	Le château de la Pétaudière...........	1	In-16.	2 25	Hachette.
Poiré.......	Six semaines de vacances.............	1	In-8°.	1 50	Idem.

SÉRIE E. — OUVRAGES DESTINÉS AUX ENFANTS.

NOMS DES AUTEURS.	TITRES DES OUVRAGES.	NOMBRE de volumes.	FORMAT.	PRIX FORT.	ÉDITEURS.
				fr. c.	
Porchat	Trois mois sous la neige	1	In-18.	1 00	Delagrave.
Idem	Les colons du rivage	1	Idem.	0 90	Idem.
Idem	La sagesse du hameau	1	Idem.	0 60	Idem.
Pressensé (Mme de)	Bois-Gentil	1	Idem.	2 50	Fischbacher
Idem	Un petit monde d'enfants	1	Idem.	2 50	Idem.
Idem	Scènes d'enfance et de jeunesse	1	Idem.	2 50	Idem.
Rousselet	Le charmeur de serpents	1	In-8°.	5 00	Hachette.
Saintes (De)	Vertu et travail	1	Idem.	1 30	F. F. Ardant
Salicis	Contes de bêtes	1	In-18.	3 50	Fischbacher
Sandeau	La roche aux mouettes	1	Idem.	3 00	Hetzel.
Ségur (Mme de)	L'auberge de l'ange gardien	1	In-16.	2 25	Hachette.
Idem	Le général Dourakine	1	Idem.	2 25	Idem.
Idem	Mémoires d'un âne	1	Idem.	2 25	Idem.
Idem	Pauvre Blaise!	1	Idem.	2 25	Idem.
Stahl	Histoire d'un âne et de deux jeunes filles	1	In-18.	3 00	Hetzel.
Stahl et de Wailly	Les vacances de Riquet	1	Idem.	3 00	Idem.
Stolz (Mme de)	Le secret de Laurent	1	In-16.	2 25	Hachette.
T*** (Marie-Ange de)	Louise Leclerc	1	In-8°.	0 80	Mame.
Idem	Mélanie et Jeanne	1	In-12.	0 40	Idem.
Tastu (Mme)	Récits du maître d'école	1	In-18.	2 50	Didier.
Testas (Mlle)	Les animaux en histoires	1	In-12.	0 45	Mame.
Idem	Récits à propos de bêtes	1	Idem.	0 45	Idem.
Théry	Simples lectures pour les écoles	1	Idem.	1 50	P. Dupont.
Trémadeure (Mme Ulliac)	Claude ou le gagne-petit	1	Idem.	2 00	Didier.
Witt (Mme de), née Guizot	Enfants et parents	1	In-16.	2 25	Hachette.
Idem	Le cercle de famille	1	In-18.	3 00	Didier.
Idem	Recueil de poésies pour les jeunes filles	1	In-16.	2 00	Hachette.
Idem	Une sœur	1	In-8°.	5 00	Idem.
Idem	Une famille à la campagne	1	In-18.	2 50	Didier.
Wyss	Le Robinson suisse	2	In-12.	2 50	Ducrocq.
Idem	Idem	1	In-8°.	6 00	Idem.
Idem	Idem	1	Idem.	10 00	Garnier.
Idem	Idem	2	In-12.	5 00	Idem.
Idem	Idem	2	Idem.	2 50	Mame.
Idem	Idem	1	In-8°.	1 90	E. Ardant.
Idem	Idem (traduction de Muller et Stahl)	1	In-18.	3 00	Hetzel.
Anonyme	Théâtre de l'enfance	1	Idem.	2 50	Garnier.

SÉRIE E. — OUVRAGES DESTINÉS AUX ENFANTS.

NOMS DES AUTEURS.	TITRES DES OUVRAGES.	NOMBRE de volumes.	FORMAT.	PRIX FORT.	ÉDITEURS.
				fr. c.	
Anonyme....	Nos gloires nationales. — Grands hommes et grandes journées..................	1	In-4°.	3 00	Delagrave.
Idem.......	Le petit commissionnaire..............	1	In-18.	0 90	Société des livres religieux de Toulouse.
Idem.......	Histoires d'autrefois..................	1	In-12.	0 70	Idem.
Idem.......	Le tisserand de Naumbourg ou une ville sauvée par des enfants.............	1	Idem.	1 20	Idem.
Idem.......	Autour de mon village................	1	Idem.	1 25	Idem.
Idem.......	Ce qu'on voit sous les tropiques.........	1	Idem.	1 25	Idem.

Série F. — Économie politique. — Législation usuelle et Connaissances utiles.

NOMS DES AUTEURS.	TITRES DES OUVRAGES.	NOMBRE de volumes.	FORMAT.	PRIX FORT.	ÉDITEURS.
				fr. c.	
About (Edm.).	A B C du travailleur.	1	In-16.	3 50	Hachette.
Audiganne...	Les ouvriers en famille.	1	In-18.	1 25	Capelle.
Bastiat (Fréd.).	Harmonies économiques.	1	Idem.	3 50	Guillaumin.
Bathie (A.)..	Le crédit populaire.	1	In-12.	5 00	Cotillon.
Baudrillart...	Manuel d'économie politique.	1	In-18.	4 00	Guillaumin.
Idem.	Économie politique populaire.	1	In-16.	3 50	Hachette.
Idem.	Le crédit populaire.	1	In-18.	0 25	Idem.
Idem.	Les bibliothèques populaires.	1	Idem.	0 25	Idem.
Idem.	Des habitudes d'intempérance.	1	Idem.	0 25	Idem.
Beaupré (De).	Législation protectrice des animaux.	1	Idem.	0 75	Rothschild.
Blanche (Armand).	Actes de l'état civil et administration communale.	1	In-8°.	6 00	Thorin.
Block (M.)...	Petit manuel d'économie pratique.	1	Idem.	1 50	Hetzel.
Idem.	Entretiens familiers sur l'organisation de notre pays :				
	La France	1	G.-in-16	1 50	Hetzel.
	Le département	1	Idem.	1 50	Idem.
	La commune	1	Idem.	1 50	Idem.
Blondel.	Coup d'œil sur les devoirs et l'esprit militaires.	1	In-12.	0 75	Dumaine.
Bonne.	Conseils aux parents qui font à leurs enfants le partage de leurs biens.	1	In-8°.	0 50	Delagrave.
Idem.	Étude sur le morcellement de la propriété.	1	Idem.	1 00	Idem.
Idem.	Conseils aux vendeurs et aux acquéreurs d'immeubles.	1	In-12.	0 40	Idem.
Idem.	Cours élémentaire d'économie sociale et industrielle.	1	Idem.	1 00	Idem.
Idem.	Abrégé du même.	1	Idem.	0 25	Idem.
Idem.	Explication de la loi du 27 juillet 1872, sur le recrutement de l'armée.	1	Idem.	0 90	Idem.
Idem.	Notions élémentaires sur l'organisation administrative de la France.	1	Idem.	1 00	Idem.
Bourguignon.	Éléments généraux de législation française.	1	Idem.	6 00	Garnier.
Bourotte (Mlle)	La protection envers les animaux. — Bêtes et gens.	1	In-8°.	1 50	E. Ardant.
Cadet (Ern.)..	Dictionnaire de législation usuelle.	1	In-12.	5 50	Belin.
Cadet (Félix).	Turgot.	1	In-18.	0 60	Libr. centrale.
Carraud (Mme).	Les veillées de maître Patrigeon.	1	In-16.	1 25	Hachette.

SÉRIE F. — ÉCONOMIE POLITIQUE.

NOMS DES AUTEURS.	TITRES DES OUVRAGES.	Nombre de volumes.	FORMAT.	PRIX PORT.	ÉDITEURS.
				fr. c.	
Carré.......	Nos petits procès............	1	In-12.	3 50	Hennuyer.
Cherbuliez...	Simples notions de l'ordre social........	1	In-18.	1 00	Guillaumin.
Courcelle-Seneuil.....	Traité sommaire d'économie politique.....	1	In-12.	2 00	Idem.
Idem.......	L'héritage de la Révolution. (Questions constitutionnelles.)...............	1	In-8°.	5 00	Idem.
Cousin......	Justice et charité.............	1	In-18.	0 80	Didot.
Cucuat (Ad.).	Conseils à la classe laborieuse sur l'abolition des grèves. — L'épargne et l'association........	1	Idem.	1 50	Dentu.
Damoth.....	Introduction à l'étude de l'économie politique.............	1	In-8°.	7 50	Guillaumin.
Debais......	Manuel du déposant à la caisse d'assurances en cas d'accidents résultant de travaux agricoles et industriels...........	1	Idem.	0 30	Gauthier-Villars.
Idem.......	Manuel du déposant à la caisse d'assurances en cas de décès............	1	Idem.	0 40	Idem.
Delignières et Lambert...	Veillées d'un vieux répartiteur de campagne.	1	In-12.	1 50	Chenu.
Desmarest...	Commentaire sur le décret-loi sur les sociétés de secours mutuels.............	1	Idem.	2 00	P. Dupont.
Drohojowska (Mme).	Mère et fille.............	1	Idem.	1 50	Sarlit.
Dupont (Paul)	Dictionnaire des formules ou mairie pratique.............	2	In-8°.	20 00	P. Dupont.
Idem.......	Dictionnaire municipal...........	2	Idem.	11 00	Idem.
Durand.....	Des sociétés de secours mutuels rurales....	1	In-18.	0 50	Idem.
Durand de Nancy.....	Nouveau guide pratique des maires.......	1	Idem.	6 00	Garnier.
Fabre.......	Le ménage.............	1	In-12.	1 50	Delagrave.
Franck.....	La vraie et la fausse égalité...........	1	In-18.	0 25	Hachette.
Franklin.....	Essais de morale et d'économie politique...	1	In-16.	1 25	Idem.
Garnier (Joseph).	Premières notions d'économie politique, suivies de : Ce qu'on voit et ce qu'on ne voit pas, de F. Bastiat, et de La science du bonhomme Richard............	1	In-18.	2 50	Guillaumin et Garnier.
Idem.......	Richard Cobden............	1	In-16.	0 50	Idem.
Giraud......	Éléments de droit municipal..........	1	In-12.	3 00	Pedone-Lauriel.
Glasson.....	Éléments de droit français...........	2	Idem.	8 00	Idem.
Guilleman...	De l'organisation judiciaire en France.....	1	In-8°.	1 50	Aillaud (V^e), Guillard et Cie.
Idem.......	De l'organisation maritime en France.....	1	Idem.	1 50	Idem.

SÉRIE F. — ÉCONOMIE POLITIQUE.

NOMS DES AUTEURS.	TITRES DES OUVRAGES.	NOMBRE de volumes.	FORMAT.	PRIX FORT.	ÉDITEURS.
				fr. c.	
Hallez d'Arros.	Manuel juridique et administratif du propriétaire rural..................	1	In-12.	2 00	Berger-Levrault.
Hippeau (Mme)	Cours d'économie domestique..........	1	Idem.	3 00	Hetzel.
Homberg....	Conférences sur les connaissances les plus utiles aux habitants de la campagne......	1	Idem.	1 50	Gervais.
Houzé......	Le trésor de la famille (7ᵉ édition).......	1	In-18.	5 00	Rothschild.
Jarry de Bouffémont....	Catéchisme gymnastique...............	1	In-8°.	1 50	Chez l'aut^r.
Jourdain.....	Moyens pratiques de propager la mutualité dans les campagnes..................	1	Idem.	1 50	P. Dupont.
Jourdan.....	Le droit français....................	1	Idem.	8 00	Plon.
Idem........	De la justice criminelle en France........	1	In-18.	0 60	G. Baillière.
Laisné......	Traité élémentaire de gymnastique classique.	1	In-16.	3 50	Picard-Bernheim.
Lamoulière (De).	Cours élémentaire de droit pénal........	1	Idem.	0 75	Lamoulière (De).
Lavergne (De).	Économie rurale de la France..........	1	Idem.	3 50	Guillaumin.
Lenoël......	Traité de gymnastique...............	1	In-8°.	4 00	Pedone-Lauriel.
Lescarret....	Entretiens au village sur l'économie sociale..............................	1	In-12.	0 50	Lescarret.
Idem........	Simples notions d'économie politique à l'usage de l'enseignement primaire........	1	Idem.	1 20	Bellier (à Bordeaux).
Levasseur....	Cours d'économie rurale (4ᵉ année).......	1	In-16.	3 00	Hachette.
Idem........	Du rôle de l'intelligence dans la production.	1	In-18.	0 25	Idem.
Idem........	La prévoyance et l'épargne............	1	Idem.	0 25	Idem.
Idem........	L'assurance.......................	1	Idem.	0 25	Idem.
Leymarie....	Tout par le travail..................	1	Idem.	3 00	Guillaumin.
Marbeau....	Études sur l'économie sociale..........	1	In-12.	3 50	Jouaust.
Matrat (Maret).	L'épargne journalière pour garantir la vieillesse.............................	1	In-8°.	2 00	Guillaumin et P. Dupont.
Idem........	L'épargne spéciale à l'école pour garantir l'avenir.............................	1	Idem.	1 00	Idem.
Idem........	Les conseils du père Vincent ou les bienfaits de l'épargne......................	1	Idem.	1 50	Mame.
Maurice.....	Guide pour l'application de la loi sur le travail des enfants dans les manufactures...	1	In-18.	1 00	Chaix.
Mercier......	Morale et économie politique...........	1	Idem.	2 50	Gervais.
Michaux.....	Étude sur la question des peines........	1	In-8°.	5 00	Challamel.
Millet.......	A B C des contributions directes........	1	Idem.	1 25	Chenu.
Modeste.....	La cherté des grains.................	1	In-18.	3 50	Guillaumin.
Moureau.....	Le salaire et les associations coopératives...	1	Idem.	2 00	Idem.
Narjoux.....	Les écoles publiques en Europe.........	1	Idem.	0 25	Delagrave.
Noël (Octave).	Autour du foyer....................	1	Idem.	3 50	Charpentier

SÉRIE F. — ÉCONOMIE POLITIQUE.

NOMS DES AUTEURS.	TITRES DES OUVRAGES.	NOMBRE de volumes.	FORMAT.	PRIX FORT.	ÉDITEURS.
Paris (C¹ᵉ de).	Associations ouvrières en Angleterre (Trade-Unions)...............	1	In-8°.	fr. c. 2 50	G. Baillière.
Passy (Hippᵗᵉ).	Inégalité des richesses...............	1	In-18.	0 80	Didot.
Idem.......	Des systèmes de culture et de leur influence sur l'économie sociale...............	1	In-12.	2 50	Guillaumin.
Passy (Fréd.).	L'histoire du travail...............	1	In-18.	0 25	Libr. centrale.
Idem.......	L'industrie humaine...............	1	Idem.	0 25	Hachette.
Idem.......	Principes de la population...............	1	Idem.	0 25	Idem.
Idem.......	Les machines et leur influence sur le progrès social...............	1	In-16.	1 25	Idem.
Perdonnet....	Utilité de l'instruction...............	1	Idem.	0 25	Idem.
Périssat.....	Entretiens familiers sur l'économie politique.	1	Idem.	2 00	Cotillon.
Plazanet (De).	Manuel du sapeur-pompier...............	1	Idem.	1 50	Dumaine.
Portalis (De).	L'homme et la société (1ʳᵉ partie)........	1	Idem.	0 80	Didot.
Putois......	Petites lectures sur la loi...............	1	Idem.	0 50	P. Dupont.
Rapet.......	Manuel populaire de morale et d'économie politique...............	1	Idem.	3 50	Guillaumin et Delagrave
Reverdy.....	Les testaments...............	1	In-12.	2 00	Lahure.
Rivier.......	Entretiens d'un fabricant avec ses ouvriers sur l'économie politique...............	1	Idem.	3 00	Guillaumin.
Roulliet (A.)..	Associations coopératives de consommation.	1	Idem.	3 00	P. Dupont.
Rousselot....	Le petit livre de l'homme et du citoyen....	1	Idem.	0 60	Delagrave.
Schulze-Delitzsch.....	Cours d'économie politique à l'usage des ouvriers et des artisans...............	2	Idem.	5 00	Guillaumin.
Siebecker....	Les enfants malheureux...............	1	In-8°.	3 50	P. Dupont.
Siegfried	La misère...............	1	In-12.	2 50	G. Baillière.
Solard	L'écolier soldat...............	1	In-18.	1 50	Dumaine.
Souviron.....	Manuel des conseillers municipaux.......	1	Idem.	3 50	P. Dupont.
Stanley-Jevons.	L'économie politique (traduction de Gravez).	1	Idem.	0 60	G. Baillière.
Stenfort.....	Conditions des baux ruraux...............	1	In-12.	1 25	Savy.
Taillandier...	Guide du déposant aux caisses d'assurances.	1	In-18.	0 50	P. Dupont.
Thévenin	Cours d'économie industrielle (3ᵉ série, t. I à III)...............	3	In-16.	3 75	Hachette.
Thiers......	Du droit de propriété...............	2	In-18.	1 60	Didot.
Idem.......	De la propriété...............	1	In-12.	2 00	Jouvet.
Toulza (De)..	De l'administration des communes en France.	1	Idem.	3 50	Pedone-Lauriel.
Valade......	Les coutumes de Normandie réglementées par l'édit de 1750...............	1	Idem.	3 00	Idem.
Vasseur	Le moyen infaillible de gagner de l'argent et d'en amasser...............	1	In-18.	1 00	Vasseur.
Vergnes.....	Manuel de gymnastique...............	1	In-16.	2 25	Hachette.
Véron.......	Les associations ouvrières...............	1	Idem.	1 25	Idem.

SÉRIE F. — ÉCONOMIE POLITIQUE.

NOMS DES AUTEURS.	TITRES DES OUVRAGES.	NOMBRE de volumes.	FORMAT.	PRIX FORT.	ÉDITEURS.
				fr. c.	
Vexiau et D. Lacroix.	Aide-mémoire des réservistes.	1	In-12.	1 00	P. Dupont.
Viel.	La loi sur la chasse.	1	Idem.	0 60	Idem.
Viel-Lamarc.	Leçons de législation usuelle.	1	In-8°.	2 50	Dejey.
Villatte (A. de la).	Droits et devoirs du soldat.	1	In-18.	1 00	Jacob.
Wolowski.	Le travail des enfants dans les manufactures.	1	Idem.	0 25	Hachette.
Worms.	Quelques considérations sur le mariage.	1	Idem.	0 25	Idem.

SÉRIE G. — SCIENCES.

NOMS DES AUTEURS.	TITRES DES OUVRAGES.	Nombre de volumes.	FORMAT.	PRIX FORT.	ÉDITEURS.

Série G. — Sciences mathématiques, physiques et naturelles.

1. — SCIENCES MATHÉMATIQUES.

NOMS DES AUTEURS.	TITRES DES OUVRAGES.	Nb.	FORMAT.	fr. c.	ÉDITEURS.
Amiot	Cours de cosmographie	1	In-8°.	4 00	Delalain.
Benoist	Le système métrique français	1	In-18.	0 50	P. Dupont.
Bertrand	Les fondateurs de l'astronomie moderne	1	Idem.	3 00	Hetzel.
Boillot (A.)	L'astronomie vulgarisée	1	Idem.	0 60	P. Dupont.
Bresson	Histoire du calendrier	1	In-12.	1 50	Bresson.
Briot et Vacquant	Arpentage et levé des plans	1	In-16.	3 00	Hachette.
Brothier	Causeries sur la mécanique	1	In-18.	0 60	G. Baillière.
Brun	Traité pratique des opérations sur le terrain	1	In-8°.	5 00	Baudry.
Catalan	Notions d'astronomie	1	In-18.	0 60	G. Baillière.
Collignon	Les machines	1	In-16.	2 25	Hachette.
Delaunay	Cours élémentaire d'astronomie	1	In-18.	7 50	Masson.
Idem	Cours élémentaire de mécanique	1	Idem.	8 00	Idem.
Demond	Pratique complète et raisonnée du système métrique	1	Idem.	0 90	Boyer.
Fabre	Le ciel	1	Idem.	2 00	Delagrave.
Idem	Cours de cosmographie	1	In-12.	3 50	Idem.
Flammarion	Petite astronomie descriptive	1	In-16.	1 25	Hachette.
Garnier (Jos.)	Traité des mesures métriques	1	In-18.	0 75	Garnier.
Garrigues	Le système métrique	1	In-16.	0 75	Hachette.
Gouget d'Andelot	Traité théorique et pratique du levé des plans et de l'arpentage	1	In-8°.	8 00	Chenu.
Guillemin	Le soleil	1	In-16.	1 25	Hachette.
Idem	Les étoiles	1	Idem.	1 25	Idem.
Hément	Premières notions de cosmographie	1	In-18.	1 50	Delagrave.
Lagarrigue	Notions de mécanique expérimentale et de géométrie pratique	1	Idem.	0 60	P. Dupont.
Laplace	Précis de l'histoire de l'astronomie	1	In-8°.	3 00	Gauthier-Villars.
Macé (J.)	L'arithmétique du grand-papa (édition populaire)	1	In-4°.	1 00	Hetzel.
Mahistre	L'art de tracer des cadrans solaires	1	In-18.	1 25	Gauthier-Villars.
Mouchelet	Notions générales d'astronomie populaire	1	In-12.	2 00	Dejey.
Pape-Carpantier (Mme)	Arithmétique, géométrie appliquée; système métrique (cours d'éducation). Période élémentaire	1	G. in-18.	1 50	Hachette.

NOMS DES AUTEURS.	TITRES DES OUVRAGES.	Nombre de volumes.	FORMAT.	PRIX FORT.	ÉDITEURS.
				fr. c.	
Pernot	Guide pratique du constructeur	1	In-18.	6 00	Hetzel.
Pizzetta	Le monde polaire	1	In-12.	1 00	Rigaud.
Rambosson	Les astres ou notions d'astronomie	1	In-18.	1 25	Tequi.
Regnault	Cours pratique d'arpentage	1	Idem.	1 50	Gauthier-Villars.
Secchi, Wolf et Briot	Les étoiles et les comètes	1	Idem.	0 60	G. Baillière.
Zurcher et Margollé	Le monde sidéral	1	Idem.	3 50	Rothschild.

II. — SCIENCES PHYSIQUES.

NOMS DES AUTEURS.	TITRES DES OUVRAGES.	Nombre de volumes.	FORMAT.	PRIX FORT.	ÉDITEURS.
Albert-Lévy	Nos vraies conquêtes	1	In-18.	1 50	Hachette.
Baille	L'électricité. (Bibliothèque des merveilles.)	1	In-16.	2 25	Idem.
Bérard	La chaux	1	Idem.	0 25	Idem.
Boillot (A.)	Éléments de météorologie	1	In-12.	0 60	P. Dupont.
Boutan et d'Almeida	Cours élémentaire de physique	2	In-8°.	18 00	Dunod.
Brewer	La clef de la science	1	In-18.	4 50	Loones.
Castillon	Récréations physiques	1	In-16.	2 25	Hachette.
Cazin	Les forces physiques	1	Idem.	2 25	Idem.
Idem	La chaleur	1	Idem.	2 25	Idem.
Idem	L'étincelle électrique	1	Idem.	2 25	Idem.
Debray	Cours élémentaire de chimie inorganique	1	Idem.	24 00	Dunod.
Dehérain et Tissandier	Éléments de chimie (2ᵉ année)	1	In-16.	2 50	Hachette.
Delon	Le fer, la fonte et l'acier	1	P. in-16.	0 50	Idem.
Devic (Marcel)	Petite physique	2	In-18.	1 00	Idem.
Drion et Fernet	Traité de physique élémentaire	1	In-8°.	8 00	Masson.
Drohojowska (Mᵐᵉ)	Les grands inventeurs modernes (télégraphie)	1	In-12.	0 55	Mame.
Dujardin	La chaleur et l'humidité à la surface de la terre	1	In-18.	0 25	Hachette.
Dumas	Leçons sur la philosophie chimique	1	In-8°.	7 00	Gauthier-Villars.
Du Moncel	L'éclairage électrique	1	In-16.	2 25	Hachette.
Idem	Le téléphone, le microphone et le phonographe	1	Idem.	2 25	Idem.
Dumoulin	Manuel élémentaire de photographie	1	In-18.	1 50	Gauthier-Villars.
Fabre	Le livre d'histoires. — Récits scientifiques	1	Idem.	1 50	Delagrave.
Idem	Chimie agricole	1	Idem.	1 25	Idem.

SÉRIE G. — SCIENCES.

NOMS DES AUTEURS.	TITRES DES OUVRAGES.	NOMBRE de volumes.	FORMAT.	PRIX FORT.	ÉDITEURS.
				fr. c.	
Fabre.......	La terre...................	1	In-18.	2 00	Delagrave.
Idem.......	Physique..................	1	*Idem*.	2 00	*Idem*.
Idem.......	Physique élémentaire......	1	*Idem*.	1 50	*Idem*.
Idem.......	Notions préliminaires de physique........	1	*Idem*.	3 50	*Idem*.
Fabre et Malaguti...	Notions préliminaires de chimie........	1	*Idem*.	1 50	*Idem*.
Faraday.....	Histoire d'une chandelle........	1	*Idem*.	3 50	Hetzel.
Figuier (L.)..	Les grandes inventions........	1	In-16.	1 50	Hachette.
Idem.......	Les merveilles de la science........	4	In-8°.	40 00	Jouvet.
Idem.......	Les merveilles de l'industrie........	4	*Idem*.	40 00	*Idem*.
Idem.......	Le savant du foyer........	1	*Idem*.	10 00	Hachette.
Idem.......	L'année scientifique et industrielle (1878). 22ᵉ année........	1	In-16.	3 50	*Idem*.
Fonvielle (De).	Les merveilles du monde invisible........	1	*Idem*.	2 25	*Idem*.
Garnier (Jules)	Le fer...............	1	*Idem*.	2 25	*Idem*.
Garrigues et Doutet de Montvel...	Simples lectures sur les sciences........	1	*Idem*.	1 80	*Idem*.
Girardin.....	Cours de chimie à l'usage de l'enseignement spécial........	4	In-8°.	13 00	Masson.
Guillemin....	Le son................	1	In-16.	1 25	Hachette.
Idem.......	La lumière.............	1	*Idem*.	1 25	*Idem*.
Idem.......	Les chemins de fer........	1	*Idem*.	2 25	*Idem*.
Idem.......	La vapeur..............	1	*Idem*.	2 25	*Idem*.
Hélène (M.)..	Les galeries souterraines........	1	*Idem*.	2 25	*Idem*.
Idem.......	La poudre à canon........	1	*Idem*.	2 25	*Idem*.
Hément.....	Menus propos sur les sciences........	1	In-12.	2 00	Delagrave.
Idem.......	*Idem* (édition illustrée)........	1	In-8°.	5 00	*Idem*.
Idem.......	Premières notions de météorologie et de physique du globe........	1	In-18.	3 50	*Idem*.
Idem.......	L'aluminium............	1	*Idem*.	0 25	Hachette.
Jussieu (L. de).	Simples notions de physique........	1	In-12.	1 25	Delagrave.
Lacolonge (De)	De l'eau...............	1	In-18.	0 25	Hachette.
Laurencin....	La pluie et le beau temps........	1	*Idem*.	3 50	Rothschild.
Maigne......	Lectures variées sur les sciences usuelles...	1	In-12.	1 60	Belin.
Mangin......	Le télégraphe et les feux de guerre........	1	In-8°.	1 30	Mame.
Idem.......	Le feu du ciel...........	1	*Idem*.	1 30	*Idem*.
Marié-Davy...	Instructions pour les observations météorologiques........	1	In-8°.	2 50	Gauthier-Villars.
Marzy.......	L'hydraulique...........	1	In-16.	2 25	Hachette.
Moigno (l'abbé)	Les éclairages modernes........	1	In-18.	2 00	Gauthier-Villars.
Moitessier...	L'air..................	1	In-16.	2 25	Hachette.

SÉRIE G. — SCIENCES.

NOMS DES AUTEURS.	TITRES DES OUVRAGES.	NOMBRE de volumes.	FORMAT.	PRIX FORT.	ÉDITEURS.
				fr. c.	
Moitessier....	La lumière..........................	1	In-16.	2 25	Hachette.
Muller (Eug.).	La machine à vapeur................	1	Idem.	1 25	Idem.
Pasteur......	Études sur les maladies des vers à soie....	2	In-8°.	20 00	Gauthier-Villars.
Idem........	Études sur la bière..	1	Idem.	20 00	Idem.
Idem........	Études sur le vinaigre...............	1	Idem.	4 00	Idem.
Idem........	Études sur le vin...................	1	Idem.	18 00	Savy.
Payen.......	L'éclairage au gaz.................	1	In-18.	0 25	Hachette.
Pierre (Isidore)	Notions de chimie usuelle............	1	In-12.	2 50	Delagrave.
Poiré.......	Leçons de physique.................	1	Idem.	4 00	Idem.
Radau......	Le magnétisme.....................	1	In-16.	2 25	Hachette.
Renard......	Les phares........................	1	Idem.	2 25	Idem.
Rozet.......	De la pluie en Europe...............	1	In-12.	2 00	Gauthier-Villars.
Saffray.....	Chimie des champs.................	1	P.in-16.	0 50	Hachette.
Idem........	Physique des champs...............	1	Idem.	0 50	Idem.
Sauzay......	La verrerie........................	1	In-16.	2 25	Idem.
Scott (Robert).	Cartes du temps et avertissements des tempêtes (traduit par MM. Zurcher et Margollé).	1	In-8°.	4 50	Gauthier-Villars.
Simonin.....	L'or et l'argent.....................	1	In-16.	2 25	Hachette.
Tissandier....	L'eau.............................	1	Idem.	2 25	Idem.
Idem........	La houille.........................	1	Idem.	2 25	Idem.
Idem........	Les poussières de l'air...............	1	In-18.	2 75	Gauthier-Villars.
Idem........	Histoire de mes ascensions...........	1	In-8°.	8 00	Dreyfous.
Troost......	Traité élémentaire de chimie..........	1	Idem.	8 00	Masson.
Tyndall.....	La matière et la force................	1	In-18.	1 50	Gauthier-Villars.
Idem........	Faraday inventeur..................	1	Idem.	2 00	Idem.
Idem........	Chaleur et froid....................	1	Idem.	2 00	Idem.
Idem........	Les glaciers et les transformations de l'eau..	1	In-8°.	6 00	G. Baillière.
Idem........	Dans les montagnes.................	1	In-18.	3 50	Hetzel.
Idem........	Sur la radiation....................	1	Idem.	1 25	Gauthier-Villars.
Idem........	Le son (traduction de l'abbé Moigno)....	1	In-8°.	6 00	G. Baillière.
Idem........	La chaleur, mode de mouvement.......	1	In-18.	8 00	Gauthier-Villars.
Vogel.......	La photographie et la chimie de la lumière.	1	In-8°.	6 00	G. Baillière.
Zurcher et Margollé...	Les ascensions célèbres..............	1	In-18.	2 25	Hachette.
Idem........	Les tempêtes......................	1	Idem.	3 00	Hetzel.
Anonyme....	Instruction sur les paratonnerres.......	1	Idem.	2 50	Gauthier-Villars.

SÉRIE G. — SCIENCES.

III. — Sciences naturelles.

NOMS DES AUTEURS.	TITRES DES OUVRAGES.	Nombre de volumes.	FORMAT.	PRIX FORT.	ÉDITEURS.
				fr. c.	
Badin.......	Grottes et cavernes................	1	In-16.	2 25	Hachette.
Bert (Paul)...	La machine humaine...............	2	Idem.	0 50	Idem.
Berthoud....	Contes du docteur Sam.............	1	In-8°.	10 00	Garnier.
Idem.......	Les soirées du docteur Sam.........	1	Idem.	10 00	Idem.
Idem.......	Fantaisies scientifiques............	4	In-12.	14 00	Idem.
Idem.......	Petites chroniques de la science (1862-1872)........................	10	In-18.	35 00	Idem.
Idem.......	L'homme depuis cinq mille ans.....	1	In-8°.	10 00	Idem.
Idem.......	Les os d'un géant.................	1	Idem.	2 00	P. Dupont.
Idem.......	Lectures des soirées d'hiver........	1	In-12.	1 50	Idem.
Bertrand.....	Lettres sur les révolutions du globe.	1	In-18.	3 50	Hetzel.
Bourassé.....	Voyage entomologique.............	1	Idem.	1 05	Mame.
Brévans (De).	La migration des oiseaux...........	1	In-16.	2 25	Hachette.
Brothier.....	Histoire de la terre................	1	In-18.	0 60	G. Baillière.
Buffon......	Œuvres choisies...................	1	In-8°.	2 50	Mame.
Idem.......	Le petit Buffon illustré............	1	In-18.	2 50	Garnier.
Burat.......	Application de la géologie à l'agriculture...	1	In-12.	1 50	Rothschild.
Cauvet......	Cours élémentaire de botanique....	1	In-18.	7 00	J.B.Baillière
Cooke......	Les champignons.................	1	In-8°.	6 00	G. Baillière.
Cortambert...	Les trois règnes de la nature.......	1	In-16.	1 50	Hachette.
Delon.......	Mines et carrières.................	1	P. in-16.	0 50	Idem.
Idem.......	A travers nos campagnes. — Histoire des animaux et des plantes de notre pays.....	1	In-4°.	4 00	Idem.
Depping.....	Merveilles de la force et de l'adresse......	1	In-16.	2 25	Idem.
Dupaigne....	Les montagnes...................	1	In-8°.	9 00	Mame.
Fabre.......	Histoire d'une bûche..............	1	Idem.	10 00	Garnier.
Idem.......	La science élémentaire. — Lectures pour toutes les écoles :				
	I. Botanique...................	1	In-12.	2 00	Delagrave.
	II. Zoologie....................	1	Idem.	2 00	Idem.
Idem.......	Aurore...........................	1	Idem.	1 50	Idem.
Idem.......	La plante. — Leçons à mon fils sur la botanique........................	1	Idem.	2 00	Idem.
Figuier......	Scènes et tableaux de la nature.....	1	In-8°.	1 50	Hachette.
Flourens....	De l'instinct et de l'intelligence des animaux.	1	In 18.	3 50	Garnier.
Focillon.....	Premières leçons d'histoire naturelle.....	1	Idem.	2 50	Delagrave.
Idem.......	Cours d'histoire naturelle..........	1	Idem.	5 00	Idem.
Fournier et Leroy.....	Animaux historiques..............	1	In-8°.	10 00	Garnier.

SÉRIE G. — SCIENCES.

NOMS DES AUTEURS.	TITRES DES OUVRAGES.	Nombre de volumes.	FORMAT.	PRIX fort.	ÉDITEURS.
				fr. c.	
Franklin (Jon.) et Esquiros.	Monde des métamorphoses............	1	In-16.	3 50	Hachette.
Idem........	La vie des animaux.................	5	Idem.	17 50	Idem.
	Prix de chaque volume.............	1	Idem.	3 50	Idem.
Gervais (P.)..	Notions générales de zoologie et histoire des mammifères.,...................	1	Idem.	1 25	Idem.
Idem........	Zoologie.......................	1	In-8°.	8 00	Idem.
Girard......	Métamorphoses des insectes.........	1	In-16.	2 25	Idem.
Gratiolet.....	De la physionomie.................	1	In-18.	3 00	Hetzel.
Grimard,....	La botanique à la campagne.........	1	Idem.	5 00	Idem.
Idem........	La plante. — Botanique simplifiée.....	1	In-8°.	7 00	Idem.
Hélène (M.)..	Les galeries souterraines...........	1	In-16.	2 25	Hachette.
Hément.....	Premières notions d'histoire naturelle.....	1	In-18.	2 50	Delagrave.
Idem........	Simple discours sur la terre et sur l'homme..	1	Idem.	3 00	Didier.
Héraud (Dr)..	Les secrets de la science, de l'industrie, de l'économie domestique.	1	Idem.	6 00	J.-B. Baillière.
Idem........	Nouveau dictionnaire des plantes médicinales	1	Idem.	6 00	Idem.
Hüber......	Les glaciers.....................	1	In-8°.	4 00	Challamel.
James et Revon......	Les oiseaux utiles (tableau)..........	1	In-fol.	0 75	Périsson.
Jannettaz....	Les roches.....................	1	In-18.	3 50	Rothschild.
Jéhan......	Beautés du spectacle de la nature......	1	In-12.	0 90	Mame.
Julien......	Harmonies de la mer...............	1	Idem.	2 50	Plon.
Kobell (De)..	Les minéraux....................	1	Idem.	2 50	Rothschild.
Lambert (l'abbé)	Nouveau guide du géologue..........	1	In-18.	5 00	Jouvet.
Landrin.....	Les monstres marins...............	1	In-16.	2 25	Hachette.
Lanoye (De)..	L'homme sauvage.................	1	Idem.	2 25	Idem.
Le Breton (Mme)	A travers champs. (Botanique pour tous.)..	1	In-8°.	7 00	Rothschild.
Lechartier....	Cours de chimie agricole............	1	In-12.	2 50	Oberthur.
Lehr (Ernest).	Voyages de découvertes dans la maison et aux alentours.	4	Idem.	10 00	Berger-Levrault.
Le Maout....	Leçons élémentaires de botanique fondées sur l'analyse de cinquante plantes vulgaires (avec atlas).................	1	G.in-8°.	12 00	Masson, Garnier.
Le Maout et Decaisne...	Flore élémentaire des jardins et des champs.	2	In-12.	9 00	Libr. agric.
Le Reboullet..	Zoologie du jeune âge.............	1	In-4°.	9 00	Derivaux.
Lesbazeilles..	Les colosses anciens et modernes......	1	In-16.	2 25	Hachette.
Lescuyer.....	Architecture des nids..............	1	In-18.	3 00	Marchand.
Lévêque.....	Les harmonies providentielles........	1	In-16.	2 25	Hachette.
Leymerie....	Éléments de géologie..............	1	In-18.	7 00	Masson.
Macé (J.)....	Histoire d'une bouchée de pain........	1	Idem.	3 00	Hetzel.
Idem........	Les serviteurs de l'estomac..........	1	Idem.	3 00	Idem.
Mangin.....	Pierres et métaux.................	1	In-8°.	2 50	Mame.

SÉRIE G. — SCIENCES.

NOMS DES AUTEURS.	TITRES DES OUVRAGES.	NOMBRE de volumes.	FORMAT.	PRIX FORT.	ÉDITEURS.
				fr. c.	
Mangin.....	Nos ennemis et nos alliés.............	1	G. in-8°.	9 00	Mame.
Idem.....	Le désert et le monde sauvage.........	1	Idem.	9 00	Idem.
Idem.......	La navigation aérienne................	1	In-8°.	1 30	Idem.
Marié-Davy et Sonrel....	Éléments de géologie, physique terrestre.	1	In-16.	1 80	Hachette.
Maury......	Le monde où nous vivons.............	1	In-18.	3 00	Hetzel.
Menault.....	L'intelligence des animaux............	1	In-16.	2 25	Hachette.
Meunier.....	Les grandes pêches...................	1	Idem.	2 25	Idem.
Idem.......	La terre végétale (avec carte agricole de la France)..............................	1	In-18.	3 00	Rothschild.
Milne-Edwards	Zoologie et physiologie...............	1	Idem.	6 00	Masson.
Montmahou..	La vie des insectes...................	1	Idem.	2 00	Delagrave.
Niox.......	Géologie............................	1	Idem.	3 00	Dumaine.
Pape-Carpantier (Mme).	Zoologie des écoles..................	5	G. in-18.	7 25	Hachette.
Pizzetta.....	Le monde avant le déluge.............	1	In-12.	1 00	Rigaud.
Idem.......	Plantes et bêtes. — Causeries familières sur l'histoire naturelle..................				
Quatrefages (De)......		1	In-8°.	14 00	Hennuyer.
	Histoire de l'homme.................	5	In-16.	1 25	Hachette.
Idem.......	L'espèce humaine....................	1	In-8°.	6 00	G. Baillière.
Raulin.....	Éléments de géologie.................	1	In-18.	1 25	Hachette.
Renard......	Le fond de la mer...................	1	Idem.	3 00	Hetzel.
Rendu (V.)...	Les animaux de la France............	1	In-8°.	10 00	Hachette.
Idem.......	Mœurs pittoresques des insectes.......	1	In-16.	1 25	Idem.
Reynaud (Jean)	Histoire des minéraux usuels..........	1	Idem.	2 25	Idem.
Rodin......	Plantes médicinales et usuelles (avec gravures).............................	1	In-18.	3 50	Rothschild.
Roulin......	Histoire naturelle et souvenirs de voyages.	1	Idem.	3 00	Hetzel.
Sachot (O.)..	Curiosités zoologiques................	1	Idem.	2 00	Ducrocq.
Simonin.....	Le monde souterrain.................	1	In-16.	2 25	Hachette.
Idem.......	Cités ouvrières des mineurs...........	1	Idem.	0 25	Idem.
Idem.......	Histoire de la terre..................	1	In-18.	3 00	Hetzel.
Sonrel......	Le fond de la mer...................	1	In-16.	2 25	Hachette.
Tissandier...	Les fossiles.........................	1	Idem.	2 25	Idem.
Zurcher et Margollé...	Les volcans et les tremblements de terre....	1	Idem.	2 25	Idem.
Idem.......	Les météores........................	1	Idem.	2 25	Idem.
Idem.......	Le monde sous-marin................	1	In-18.	3 00	Hetzel.
Anonyme....	Histoire naturelle des animaux........	1	Idem.	1 20	Mame.
Idem.......	Les papillons de France..............	1	In-8°.	7 00	Rothschild.

SÉRIE H. — HYGIÈNE.

Série H. — Hygiène.

NOMS DES AUTEURS.	TITRES DES OUVRAGES.	NOMBRE de volumes.	FORMAT.	PRIX fort.	ÉDITEURS.
				fr. c.	
Argy (D').	Instruction pratique sur la natation	1	In-18.	0 60	Dumaine.
Babault	La chirurgie du foyer	1	In-12.	3 50	Rothschild.
Barthélemy	Le médecin des enfants	1	In-18.	1 00	Idem.
Benoist de la Grandière.	Notions d'hygiène	1	In-12.	1 50	Delahaye.
Bouchut (D').	Hygiène de la première enfance	1	Idem.	4 00	J.-B. Baillière.
Bouley	La rage. — Moyens d'en éviter les dangers	1	Idem.	1 00	Asselin.
Bourdon	Notions d'hygiène pratique	1	In-8°.	3 00	Hachette.
Brochard (D').	L'art d'élever les enfants	1	In-18.	0 25	Brochard.
Chevreuse	Le guide de la santé et de la maladie	1	In-8°.	0 75	Humbert.
Debourge	Un mot sur les habitations insalubres	1	In-18.	0 50	Idem.
Descieux	Entretiens sur l'hygiène	1	In-12.	1 25	P. Dupont.
Donné	Conseils aux mères sur la manière d'élever leurs enfants	1	In-18.	3 00	J.-B. Baillière.
Foussagrives	Le rôle des mères	1	In-12.	3 50	Delagrave.
Idem	Entretiens familiers sur l'hygiène	1	Idem.	3 50	Idem.
Idem	La maison	1	Idem.	3 50	Idem.
Hippeau (Mme)	Mères et nourrices	1	Idem.	4 00	Mme Hippeau.
Hufeland	L'art de prolonger la vie (traduction de Pellagot)	1	Idem.	4 00	J.-B. Baillière.
James (D').	Premiers soins à donner aux malades	1	Idem.	6 00	Masson.
Jolly (D').	Le tabac et l'absinthe	1	In-18.	2 00	J.-B. Baillière.
Le Bon (D').	Hygiène pratique du soldat et des blessés	1	Idem.	0 80	Rothschild.
Meunier (Mme)	Le docteur au village. Entretiens familiers sur l'hygiène	1	In-16.	1 25	Hachette.
Nightingale (Mme)	Des soins à donner aux malades	1	In-18.	3 00	Didier.
Parrot (Dr H.)	Leçons élémentaires d'hygiène	1	Idem.	2 00	P. Dupont.
Riant (D').	L'alcool et le tabac	1	P. in-16.	0 50	Hachette.
Idem	Le café, le chocolat, le thé	1	Idem.	0 50	Idem.
Idem	Leçons d'hygiène	1	In-12.	6 00	Delahaye.
Idem	Hygiène scolaire	1	P. in-16.	3 50	Hachette.
Saint-Vincent (De).	Nouvelle médecine des familles (avec figures)	1	In-18.	3 50	J.-B. Baillière.
Ségur (Mme de)	La santé des enfants	1	In-16.	0 50	Hachette.
Soubeiran	Éléments de matière médicale	1	Idem.	4 00	Rothschild.
Tessereau	Cours d'hygiène	1	Idem.	3 00	P. Dupont.
Vogl	Les aliments. — Détermination pratique de leurs falsifications (traduction Focillon)	1	Idem.	3 50	Rothschild.

SÉRIE I. — INDUSTRIE.

Série I. — Industrie.

NOMS DES AUTEURS.	TITRES DES OUVRAGES.	NOMBRE de volumes.	FORMAT.	PRIX FORT.	ÉDITEURS.
				fr. c.	
Beaufort (Mlle)	Entretiens sur l'industrie..............	1	In-12.	1 25	Ducrocq.
Delon.......	Histoire d'un livre..................	1	In-8°.	1 50	Hachette.
Demanet.....	Guide pratique du constructeur. — Maçonnerie.......................	1	In-18.	6 00	Hetzel.
Dupont (P.)..	Histoire de l'imprimerie..............	1	*Idem.*	2 00	P. Dupont.
Dupont et Bouquet de la Grye......	Les bois indigènes et étrangers..........	1	In-8°.	12 00	Rothschild.
Egger.......	Le papier dans l'antiquité et les temps modernes.......................	1	In-18.	0 25	Hachette.
Ernouf......	Les inventeurs du gaz et de la photographie.	1	In-16.	1 25	*Idem.*
Figuier (L.)..	Les merveilles de l'industrie...........	4	In-4°.	40 00	Jouvet.
Idem........	L'année scientifique et industrielle (1878), 22e année.......................	1	In-16.	3 50	Hachette.
Heuzé (G.)...	Manuel des constructions agricoles.......	1	In-18.	7 00	Libr. encycl. Roret.
Lasteyrie (De).	Histoire de l'orfèvrerie...............	1	In-16.	2 25	Hachette.
Leguidre	Premiers éléments d'industrie manufacturière.......................	1	In-18.	0 90	Delagrave.
Maigne......	Arts et manufactures................	3	In-12.	9 00	Belin.
Idem........	Histoire de l'industrie...............	1	*Idem.*	3 60	*Idem.*
Idem........	*Idem*...........................	1	In-8°.	5 00	*Idem.*
Monteil (Alexis)	Histoire de l'industrie française et des gens de métiers (avec figures)............	2	In-8°.	7 00	P. Dupont.
Muller (Eug.).	La boutique du marchand de nouveautés...	1	In-16.	1 25	Hachette.
Poiré.......	La France industrielle...............	1	In-8°.	10 00	*Idem.*
Idem........	Simples lectures sur les principales industries.........................	1	In-16.	1 50	*Idem.*
Prévost......	Emploi des chemins de fer à la guerre....	1	In-18.	0 30	Dumaine.
Sachot (O.)..	Inventeurs et inventions..............	1	In 12.	2 50	Garnier.
Thévenin....	Entretiens populaires................	9	In-16.	11 25	Hachette.
	Chaque volume séparément........	1	*Idem.*	1 25	*Idem.*
Vadot.......	Le Creusot.......................	1	In-18.	2 00	Pautet.
Vannier.....	Premières notions de commerce et de comptabilité.......................	1	In-12.	2 00	Delagrave.
Vinot.......	Calculs faits, à l'usage des industriels.....	1	In-18.	4 00	Hetzel.

SÉRIE K. — AGRICULTURE, HORTICULTURE, ETC.

Série K. — Agriculture, Horticulture, Sylviculture, Pisciculture, etc.

NOMS DES AUTEURS.	TITRES DES OUVRAGES.	NOMBRE de volumes.	FORMAT.	PRIX FORT.	ÉDITEURS.
				fr. c.	
Arbois de Jubainville (D') et Vesque..	Les maladies des plantes cultivées........	1	In-18.	4 00	Rothschild.
Avène (Le baron d')...	Le propriétaire agriculteur, guide raisonné de la culture intensive...............	1	Idem.	1 25	Libr. agric.
Baltet.......	L'art de greffer....................	1	Idem.	4 00	Masson.
Idem........	Culture du poirier..................	1	Idem.	1 00	Idem.
Barbier......	La jeune fermière.................	1	Idem.	1 60	Roblot.
Idem........	Traité d'agriculture théorique et pratique..	1	Idem.	1 50	Idem.
Barral	Le bon fermier...................	1	In-12.	7 00	Libr. agric.
Idem........	Irrigations et engrais liquides...........	1	Idem.	7 50	Idem.
Idem........	Drainage des terres arables............	2	In-18.	7 00	Idem.
Barrau......	Simples notions sur l'agriculture	1	In-16.	1 50	Hachette.
Idem........	Félix ou le jeune cultivateur...........	1	In-18.	0 50	Idem.
Basserie.....	Manuel hippique sommaire de l'éleveur cultivateur.....................	1	In-12.	1 00	Goin.
Baudement...	Les mérinos.....................	1	Idem.	2 00	Delagrave.
Baudry et Jourdier.......	Catéchisme d'agriculture.............	1	Idem.	1 00	Masson.
Beaupré (De).	Les animaux protecteurs de l'agriculture ...	1	Idem.	0 75	Fischbacher
Idem........	Le meilleur de nos serviteurs. Le cheval ...	1	Idem.	1 50	Ghio.
Benion......	Traité complet de l'élevage du mouton.....	1	Idem.	1 50	Asselin.
Idem........	Les races canines	1	In-18.	3 50	Libr. agric.
Bobierre.....	Leçons de chimie agricole (sol et engrais)..	1	In-8°.	6 00	Masson.
Idem	Notions sur les engrais..............	1	In-12.	2 00	Idem.
Bocquillon ...	La vie des plantes.................	1	In-16.	2 25	Hachette.
Bodin.......	Herbier agricole...................	1	In-18.	0 80	Delagrave.
Idem	Lectures et promenades agricoles........	1	Idem.	0 60	Idem.
Idem........	Conseils aux jeunes filles qui doivent devenir fermières......................	1	In-12.	0 60	Idem.
Bonjean.....	Conservation des oiseaux.............	1	In-18.	0 60	Garnier.
Borel.......	Paix aux oiseaux...................	1	Idem.	0 25	P. Dupont.
Borie.......	Les jeudis de M. Dulaurier............	2	Idem.	1 50	Libr. agric.
Idem	Les travaux des champs.............	1	Idem.	1 25	Idem.
Idem	Les douze mois....................	1	In-8°.	3 50	Idem.
Idem	L'agriculture et la liberté.............	1	Idem.	4 00	Idem.
Bouquet de la Grye.	Guide pratique du forestier. — Éléments de sylviculture	2	In-18.	5 00	Rothschild.

SÉRIE K. — AGRICULTURE, HORTICULTURE, ETC.

NOMS DES AUTEURS.	TITRES DES OUVRAGES.	NOMBRE de volumes.	FORMAT.	PRIX FORT.	ÉDITEURS.
Boutteville et Hauchecorne.	Le cidre........................	1	In-12.	fr. c. 3 50	Deshays.
Calemard de Lafayette...	L'agriculture progressive............	1	In-16.	1 25	Hachette.
Carrière.....	Pépinières.....................	1	In-18.	1 25	Libr. agric.
Cazeaux.....	Du rôle des femmes dans l'agriculture.....	1	Idem.	1 50	Mag. pittor.
Charpentier de Cossigny...	Notions élémentaires, théoriques et pratiques sur les irrigations.	1	In-8°.	5 00	Soc. des Agr. de France.
Chatin......	Le cresson....................	1	In-12.	2 00	J.-B. Baillière
Chavannes (De)	La ferme modèle ou l'agriculture mise à la portée de tout le monde.........	1	In-8°.	2 50	Mame.
Cirotteau....	Leçons élémentaires sur les animaux domestiques...................	1	In-12.	3 50	P. Dupont.
Courtois-Gérard	Manuel pratique de culture maraîchère....	1	In-18.	5 00	Hetzel.
Idem........	Manuel pratique du jardinage..........	1	Idem.	5 00	Idem.
Idem........	Culture des fleurs dans les petits jardins...	1	In-32.	1 00	Savy.
Idem........	Culture maraîchère dans les petits jardins..	1	Idem.	1 00	Idem.
Courval (De).	Conduite et taille des arbres forestiers.....	1	In-8°.	3 00	Libr. agric.
Degranges...	Petit traité de comptabilité agricole......	1	Idem.	3 00	Hachette.
Delbetz.....	Les topinambours; culture, etc.........	1	In-12.	1 25	Goin.
Des Cars.....	Élagage des arbres (avec gravures).......	1	In-18.	1 00	Rothschild.
Dombasle (De)	Calendrier du bon cultivateur..........	1	In-12.	4 75	Libr. agric.
Dubost......	Comptabilité de la ferme............	1	In-12.	1 25	Idem.
Du Breuil....	Cours élémentaire théorique et pratique d'arboriculture..................	1	In-18.	8 00	Garnier.
Idem.......	Les vignobles et les arbres à fruits à cidre...	1	Idem.	6 00	Masson.
Dumas......	Les engrais....................	1	Idem.	2 00	Rothschild.
Idem........	Culture maraîchère du midi et du centre de la France...................	1	Idem.	3 50	Idem.
Fabre (Henri).	Les ravageurs. (Récits de l'oncle Paul sur les insectes nuisibles.).............	1	Idem.	1 25	Delagrave.
Felizet......	Dictionnaire vétérinaire.............	1	Idem.	3 50	Rothschild.
Fennebresque.	Catéchisme d'agriculture pratique, traduit de H. Stephens................	1	Idem.	0 50	L'auteur.
Idem........	Précis élémentaire et raisonné d'agriculture et de viticulture...............	1	Idem.	2 00	Idem.
Fillon (Alph.).	Mise en valeur des sols pauvres.........	1	Idem.	3 00	Rothschild.
Fleury-Lacoste.	Guide pratique du vigneron...........	1	Idem.	2 00	E. Lacroix.
Gasparin (De).	Traité de la détermination des terres arables.	1	Idem.	3 00	Masson.
Idem........	Métayage.....................	1	Idem.	1 25	Idem.
Idem........	Fermage......................	1	Idem.	1 25	Idem.
Gaucheron et Cotelle....	Cours d'économie agricole............	2	Idem.	2 50	Idem.
Gayot.......	Achat du cheval.................	1	Idem.	1 25	Idem.
Idem........	Poules et œufs..................	1	Idem.	1 25	Idem.

SÉRIE K. — AGRICULTURE, HORTICULTURE, ETC.

NOMS DES AUTEURS.	TITRES DES OUVRAGES.	NOMBRE de volumes.	FORMAT.	PRIX FORT.	ÉDITEURS.
				fr. c.	
Gayot......	Bon aménagement des animaux. — Écuries et étables. — Bergeries et porcheries...	2	In-18.	8 00	Hetzel.
Geoffroy-Saint-Hilaire.	Acclimatation et domestication des animaux utiles..................	1	In-8°.	9 00	Libr. agric.
Girard (Maurice)......	Le phylloxéra de la vigne............	1	In-16.	0 50	Hachette.
Idem.......	Catalogue raisonné des animaux utiles et nuisibles à la France.............	2	In-8°.	4 00	Idem.
Girardin.....	Des fumiers et autres engrais animaux....	1	In-18.	3 50	Masson.
Girardin et du Breuil.....	Traité élémentaire d'agriculture.........	2	Idem.	16 00	Idem.
Idem.......	Arbres et arbrisseaux à fruits de table.....	1	Idem.	8 00	Idem.
Idem.......	Arbres et arbrisseaux d'ornement.......	1	Idem.	5 00	Idem.
Idem.......	Instruction élémentaire sur la conduite et la taille des arbres fruitiers.	1	Idem.	2 50	Garnier et Masson.
Gobin......	Mûriers et vers à soie..................	1	In-12.	3 50	Lebroc.
Gossin......	Manuel élémentaire et classique d'agriculture, d'arboriculture et de jardinage...	1	Idem.	1 25	Fouraut.
Idem.......	Lectures choisies d'agriculture..........	1	Idem.	1 60	Blériot.
Idem.......	Traité spécial des osiers...............	1	Idem.	2 00	Idem.
Grandeau....	Cours d'agriculture...................	1	In-8°.	12 00	Berger-Levrault.
Idem.......	Traité d'analyse des matières agricoles.....	1	Idem.	9 00	Idem.
Gressent.....	Le potager moderne...................	1	In-12.	7 00	Goin.
Idem.......	Arboriculture fruitière.................	1	Idem.	7 00	Idem.
Idem.......	Parcs et jardins......................	1	Idem.	7 00	Idem.
Guyot......	Culture de la vigne et vinification........	1	Idem.	3 50	Libr. agric.
Hamet......	Cours d'agriculture...................	1	In-12.	3 50	Idem.
Hardy......	Traité de la taille des arbres fruitiers.....	1	In-8°.	5 50	Idem.
Hérincq.....	Le nouveau jardinier illustré...........	1	In-12.	7 00	Goin.
Heuzé (G.)...	Simples notions d'agriculture...........	1	In-16.	1 25	Hachette.
Idem.......	Les matières fertilisantes..............	1	In-8°.	9 00	Libr. agric.
Idem......	Le porc.............................	1	In-18.	3 50	Idem.
Idem.......	Les agriculteurs illustres..............	1	In-12.	1 25	Idem.
Idem.......	Les assolements et les systèmes de culture..	1	In-8°.	9 00	Idem.
Hœfer......	Dictionnaire d'agriculture et d'horticulture.	1	Idem.	6 00	Didot.
Jacque......	Le poulailler........................	1	In-18.	3 50	Libr. agric.
Jamin.......	Les fruits à cultiver..................	1	In-12.	1 50	Masson.
Joigneaux....	Traité des graines de la grande et de la petite culture........................	1	Idem.	3 00	Delagrave.
Idem.......	Le livre de la ferme..................	2	In-8°.	32 00	Delagrave et Masson.
Idem......	Les veillées de la ferme du Tourne-Bride, ou entretiens sur l'agriculture.........	1	In-18.	1 00	Delagrave.
Idem......	Conseils à une jeune fermière..........	1	Idem.	1 00	Masson.

SÉRIE K. — AGRICULTURE, HORTICULTURE, ETC.

NOMS DES AUTEURS.	TITRES DES OUVRAGES.	NOMBRE de volumes.	FORMAT.	PRIX fort.	ÉDITEURS.
				fr. c.	
Joigneaux....	Conférences sur le jardinage............	1	In-18.	1 25	Libr. agric.
Idem......	Le jardin potager....................	1	Idem.	6 00	Idem.
Idem......	Les champs et les prés................	1	Idem.	1 25	Idem.
Idem......	Les choux. — Culture et emploi........	1	Idem.	1 25	Idem.
Idem......	Causeries sur l'agriculture et l'horticulture.	1	Idem.	3 50	Idem.
Idem.......	Petits entretiens sur la vie des champs....	1	Idem.	0 60	Idem.
Idem......	Petite école d'agriculture.............	1	Idem.	1 25	Idem.
Jourdeuil....	Culture du houblon..................	1	Idem.	2 00	Delagrave.
Jussieu (A. de).	Botanique..........................	1	In-12.	6 00	Garnier.
Idem......	Idem.............................	1	Idem.	6 00	Masson.
Kirwan (De)..	Les conifères......................	2	In-18.	5 00	Rothschild.
Kleine......	Les richesses de la France............	1	Idem.	3 50	Ducrocq.
La Blanchère (De).....	Les oiseaux utiles et les oiseaux nuisibles...	1	Idem.	3 50	Rothschild.
Idem.......	Les ravageurs des vergers et des vignes (avec une étude sur le phylloxera).........	1	Idem.	3 50	Idem.
La Blanchère (De) et le Dr Eug. Robert.	Les ravageurs des forêts et des arbres d'alignement...........................	1	Idem.	3 50	Idem.
Lachaume....	Le rosier..........................	1	In-12.	1 25	Libr. agric.
Ladrey......	L'art de faire le vin..................	1	In-18.	3 50	Savy.
Lambertye (Cte de).	Conseils sur la culture des fleurs de pleine terre et de fenêtres..................	1	In-12.	1 00	Goin.
Idem.......	Conseils sur la culture des légumes et des fleurs sous châssis..................	1	Idem.	0 50	Idem.
Idem.......	Conseils sur les semis de graines de légumes.	1	Idem.	1 00	Idem.
Idem.......	Conseils sur le choix, la culture et la taille des arbres fruitiers pour la Marne, le nord, l'est, le nord-ouest et le centre de la France..........................	1	In-18.	1 00	Idem.
Idem.......	Le fraisier.........................	1	In-12.	1 00	Idem.
Idem.......	Conseils sur la culture du melon........	1	Idem.	1 00	Goin.
Idem......	Éléments de jardinage................	1	Idem.	1 00	Idem.
Lechartier...	Agriculture théorique et pratique basée sur la chimie agricole..................	1	Idem.	4 00	Idem.
Lecoq (H.)...	Traité des plantes fourragères..........	1	In-8°.	7 50	Libr. agric.
Lecouteux....	Principes de la culture améliorante......	1	In-18.	3 50	Idem.
Idem.......	Cours d'économie rurale..............	2	Idem.	7 00	Idem.
Lefour......	Cheval, âne et mulet.................	1	Idem.	1 25	Idem.
Idem.......	Sol et engrais......................	1	Idem.	1 25	Idem.
Idem.......	Comptabilité agricole................	1	Idem.	1 25	Idem.
Idem.......	Culture générale et instruments aratoires...	1	Idem.	1 25	Idem
Idem.......	Animaux domestiques................	1	Idem.	1 25	Idem.

SÉRIE K. — AGRICULTURE, HORTICULTURE, ETC.

NOMS DES AUTEURS.	TITRES DES OUVRAGES.	NOMBRE de volumes.	FORMAT.	PRIX FORT.	ÉDITEURS.
				fr. c.	
Lefour......	Trois cents problèmes agricoles avec leurs solutions..........................	1	In-18.	0 50	Libr. agric.
Léouzon.....	Manuel de la porcherie...............	1	Idem.	1 25	Idem.
Lescuyer.....	Oiseaux de passage.................	1	In-8°.	1 50	J.-B. Baillière
Lévesque (J.).	Le poirier.........................	1	Idem.	1 50	Mouchel.
Liron d'Airolles	Les poiriers les plus précieux..........	1	Idem.	2 00	P. Dupont.
Loisel.......	Les asperges.......................	1	In-12.	1 25	Libr. agric.
Idem........	Le melon..........................	1	Idem.	1 25	Idem.
Magne......	Choix de vaches laitières.............	1	Idem.	1 25	Idem.
Idem........	Hygiène vétérinaire :				
	Races chevalines................	1	In-18.	8 00	Garnier.
	Races bovines...................	1	Idem.	5 00	Idem.
	Races ovines....	1	Idem.	3 00	Idem.
	Races porcines..................	1	Idem.	2 00	Idem.
Magne et Gillet	Nouvelle flore française..............	1	Idem.	8 00	Idem.
Malaguti.....	Petit cours de chimie appliquée à l'agriculture.............................	1	Idem.	1 40	Delagrave.
Idem........	Chimie appliquée à l'agriculture.......	3	In-12.	10 00	Idem.
Manteuffel...	Art de planter les arbres.............	1	In-18.	2 50	Rothschild.
Marié-Davy...	Météorologie et physique agricole......	1	Idem.	3 50	Libr. agric.
Marion......	Les merveilles de la végétation........	1	In-16.	2 25	Hachette.
Mariot-Didieux	Guide de l'éleveur de lapins..........	1	In-18.	2 50	Hetzel.
Masure......	Leçons de chimie appliquée à l'agriculture.	1	Idem.	3 00	Blériot.
Idem........	Leçons élémentaires d'agriculture......	2	In-12.	7 00	Libr. agric.
Menault.....	Insectes nuisibles à l'agriculture.......	1	Idem.	2 00	Jouvet.
Idem	Le vacher et le bouvier...............	2	P. in-16.	0 50	Hachette.
Millet.......	Culture de l'eau....................	1	In-8°.	2 50	Mame.
Millet-Robinet (Mme)....	Basse-cour, pigeons et lapins.........	1	In-18.	1 25	Libr. agric.
Idem........	Maison rustique des dames...........	2	Idem.	7 75	Idem.
Monteil (A.)..	La France agricole..................	1	In-8°.	3 50	P. Dupont.
Morin.......	Manuel de l'éleveur de poulains dans le Perche............................	1	In-12.	1 00	Libr. agric.
Mortillet (De).	Quarante poires....................	1	In-8°.	3 50	Goin.
Naudin......	Le potager........................	1	In-12.	1 25	Libr. agric.
Neveu-Dérotrie.	Veillées villageoises ou entretiens familiers sur l'agriculture...................	1	In-16.	1 25	Hachette.
Parade et Lorentz......	Cours élémentaire de la culture des bois...	1	In-8°.	8 00	Rothschild.
Parizet......	Économie rurale du Lauraguais........	1	Idem.	2 50	Tremblay.
Pasteur......	Études sur le vin...................	1	Idem.	18 00	Savy.
Pelletan.....	Pigeons, dindons, oies et canards......	1	In-18.	1 25	Libr. agric.

SÉRIE K. — AGRICULTURE, HORTICULTURE, ETC.

NOMS DES AUTEURS.	TITRES DES OUVRAGES.	NOMBRE de volumes.	FORMAT.	PRIX FORT.	ÉDITEURS.
				fr. c.	
Personnat....	Le ver à soie du chêne...............	1	In-8°.	3 00	Libr. agric.
Pierre (Isidore).	Prairies artificielles................	1	In-12.	1 00	Delagrave.
Idem........	Études théoriques et pratiques d'agronomie et de physiologie végétale.,..........	4	Idem.	14 00	Goin.
Idem........	Notions élémentaires d'analyse chimique appliquée à l'agriculture............	1	Idem.	2 50	Idem.
Idem........	Recherches théoriques et pratiques sur la valeur nutritive des fourrages.........	1	Idem.	2 50	Idem.
Idem........	Chimie agricole...................	2	Idem.	7 00	Libr. agric.
Idem........	Observations sur le plâtrage des fumiers...	1	In-18.	0 50	Idem.
Poiteau, etc..	Le bon jardinier (texte)..............	1	Idem.	7 00	Idem.
Idem........	Idem (figures)....................	1	Idem.	7 00	Idem.
Ponce.......	La culture maraîchère pratique des environs de Paris......................	1	In-12.	2 50	Idem.
Pouriau.....	La laiterie......................	1	In-18.	5 00	Lebroc.
Puton.......	Aménagement des forêts.............	1	In-12.	2 50	Rothschild.
Puvis.......	De l'emploi des eaux en agriculture......	1	Idem.	2 50	Tremblay.
Quatrefages (De)	Le ver à soie....................	1	In-18.	0 25	Hachette.
Raveret-Wattel	L'eucalyptus....................	1	In-12.	2 50	Goin.
Rémy.......	Champignons et truffes..............	1	Idem.	3 50	Libr. agric.
Rendu (V.)...	Notions élémentaires d'agriculture.......	1	In-16.	0 75	Hachette.
Idem........	Les abeilles.....................	1	Idem.	0 50	Idem.
Idem........	Les insectes nuisibles à l'agriculture......	1	Idem.	3 00	Idem.
Revon (J. et L.)	Les oiseaux utiles.................	1	In-8°.	0 75	Perisson.
Ribeaucourt (De)	Manuel d'apiculture rationnelle.........	1	In-32.	1 00	Fischbacher
Richard (du Cantal)....	Étude de la conformation du cheval......	1	In-16.	5 50	Hachette.
Idem........	Dictionnaire raisonné d'agriculture......	2	In-8°.	16 00	Delagrave.
Idem........	Étude du cheval de service et de guerre...	1	In-18.	5 50	Dumaine.
Idem........	Vocabulaire agricole et horticole........	1	In-12.	2 50	Delagrave.
Riondet.....	Agriculture de la France méridionale.....	1	Idem.	3 50	Libr. agric.
Roblin......	Traité de l'alimentation des bêtes bovines, par Kühn. (Traduction.)............	1	In-8°.	5 00	Masson.
Roche (Édouard)	Les martyrs du travail. — Le cheval.....	1	In-12.	1 25	Delagrave.
Rodigas.....	Traité de culture maraîchère..........	1	Idem.	3 50	Rothschild.
Rodin.......	Plantes médicinales et usuelles........	1	Idem.	4 00	Idem.
Roman......	Manuel du magnanier..............	1	In-18.	4 50	Gauthier-Villars.
Rose-Charmeux	Culture du chasselas de Thomery.......	1	In-12.	2 00	Masson.
Samson......	Hygiène des animaux domestiques.......	1	In-8°.	4 00	Idem.
Idem........	Économie du bétail................	4	In-12.	14 00	Libr. agric.
Idem........	La maréchalerie ou la ferrure des animaux domestiques....................	1	In-18.	1 25	Idem.

SÉRIE K. — AGRICULTURE, HORTICULTURE, ETC.

NOMS DES AUTEURS.	TITRES DES OUVRAGES.	NOMBRE de volumes.	FORMAT.	PRIX FORT.	ÉDITEURS.
				fr. c.	
Samson	Notions usuelles de médecine vétérinaire	1	In-18.	1 25	Libr. agric.
Idem	Les moutons	1	Idem.	1 25	Idem.
Schwertz	Manuel de l'agriculteur commençant	1	Idem.	1 25	Idem.
Sécron	Manuel de porcherie	1	Idem.	1 25	Idem.
Sorel	Paix aux animaux	1	Idem.	0 30	P. Dupont.
Tassy (L.)	Études sur l'aménagement des forêts	1	In-8°.	6 00	Rothschild.
Teisserenc de Bort	Petit questionnaire agricole	1	In-18.	1 25	Libr. agric.
Thévenin	Cours d'économie domestique (séries 4 et 7)	2	In-16.	2 50	Hachette.
	Chaque volume séparément	1	Idem.	1 25	Idem.
Tisserand	Guide dans le choix des vaches laitières	1	In-12.	3 50	Savy.
Vergnette-Lamothe (De)	Le vin	1	In-18.	3 50	Libr. agric.
Verlot	Le guide du botaniste herborisant	1	In-12.	6 00	J.-B.Baillière.
Idem	Engraissement du bœuf	1	Idem.	1 25	Libr. agric.
Vianne	Prairies et plantes fourragères (avec nombreuses figures)	1	In-8°.	8 00	Rothschild.
Idem	La culture économique	1	In-12.	2 50	Idem.
Vias	Culture de la vigne en chaintres	1	Idem.	2 50	Libr. agric.
Vidal	Les loisirs d'un instituteur	1	Idem.	0 75	Idem.
Vidalin	Pratique des irrigations en France et en Algérie	1	In-18.	1 25	Idem.
Viel	Entretiens d'un instituteur sur l'utilité des oiseaux	1	In-12.	0 60	P. Dupont.
Ville (Georges)	Les engrais chimiques	1	In-18.	3 50	Libr. agric.
Villeroy	Laiterie, beurre et fromage	1	In-12.	3 50	Idem.
Idem	Manuel de l'éleveur de bêtes à laine	1	In-18.	3 50	Idem.
Idem	Manuel de l'éleveur de chevaux	2	In-8°.	12 00	Idem.
Idem	Manuel de l'éleveur de bêtes à cornes	1	In-18.	1 25	Idem.
Vilmorin	Les fleurs de pleine terre annuelles, vivaces et bulbeuses	1	In-12.	12 00	Idem.
Vitard	Essai d'agriculture élémentaire	1	Idem.	0 50	Tremblay.
Idem	Manuel populaire du drainage	1	Idem.	2 50	Idem.
Idem	Abrégé du manuel de drainage	1	Idem.	1 00	Idem.
Ysabeau	Cours d'agriculture pratique	4	Idem.	6 00	P. Dupont.
Divers	Bibliothèque du cultivateur	35	In-18.	43 75	Libr. agric.
	Chaque volume séparément	1	Idem.	1 25	Idem.
	Bibliothèque du jardinier	19	Idem.	23 75	Idem.
	Chaque volume séparément	1	Idem.	1 25	Idem.
	Maison rustique du xix° siècle	5	In-8°.	39 50	Idem.

SÉRIE L. — BEAUX-ARTS ET ARTS INDUSTRIELS.

Série L. — Beaux-Arts et Arts industriels.

NOMS DES AUTEURS.	TITRES DES OUVRAGES.	Nombre de volumes.	FORMAT.	PRIX FORT.	ÉDITEURS.
				fr. c.	
Batissier.....	Histoire de l'art monumental dans l'antiquité et au moyen âge.............	1	In-8°.	20 00	Jouvet.
Bisson et de Lajarte....	Grammaire de la musique...........	1	Idem.	2 00	Hennuyer.
Burty.......	Chefs-d'œuvre de l'art industriel.......	1	Idem.	15 00	Ducrocq.
Cernesson....	Grammaire élémentaire du dessin.......	1	G.in-4°.	20 00	Ducher.
Château (L.).	Histoire de l'architecture en France......	1	In-18.	7 50	Morel.
Clément (Ch.).	Michel-Ange, Léonard de Vinci, Raphaël...	1	Idem.	3 00	Hetzel.
Clément (F.).	Les musiciens célèbres...............	1	In-8°.	12 00	Hachette.
Colomb (C.)..	La musique.....................	1	In-16.	2 25	Idem.
Delafontaine..	Méthode de musique vocale............	1	In-8°.	1 00	Delafontaine.
Delaistre.....	Cours complet de dessin linéaire........	1	G.in-4°.	15 00	Gauthier-Villars.
Duplessis	Les merveilles de la gravure..........	1	In-16.	2 25	Hachette.
Henriet (D').	Cours rationnel de dessin (avec atlas).....	3	In-8°.	24 00	Idem.
Jacquemart...	Merveilles de la céramique...........	1	In-16.	2 25	Idem.
Le Béalle....	Premiers principes de dessin linéaire......	1	In-8°.	3 00	Delalain.
Le Bel (H.)...	Le compendium musical.............	1	In-4°.	12 00	L'auteur.
Lefèvre......	Les merveilles de l'architecture.........	1	In-16.	2 25	Hachette.
Marcillac	Histoire de la musique moderne........	1	In-12.	3 50	Fischbacher
Marie (F.-G.).	Éléments d'architecture.............	1	In-4°.	12 00	Dunod.
Ménard (René).	Histoire des beaux-arts..............	1	In-8°.	15 00	Cinqualbre.
Idem........	L'art au moyen âge................	1	Idem.	2 00	Idem.
Idem........	Histoire de l'art antique.............	1	Idem.	2 00	Idem.
Mouzin......	Chants de l'école (1re et 2e parties)......	2	In-12.	1 50	Delagrave.
Quicherat (L.).	Traité élémentaire de musique.........	1	In-16.	1 50	Hachette.
Quicherat (J.).	Histoire du costume en France.........	1	In-8°.	20 00	Idem.
Rillé (L. de)..	Morceaux de chant à une et à deux voix...	1	In-12.	0 50	Lory.
Idem........	Messe en musique avec accompagnement de musique militaire................	1	In-4°.	5 00	Idem.
Sardan......	Dessin linéaire géométrique...........	1	In-12.	1 50	Pelletan.
Savart	Principes de la musique et méthode de transposition	1	G.in-8°.	4 00	Hachette.
Idem........	Premières notions de musique..........	1	In-16.	0 50	Idem.
Tiersot......	Leçons élémentaires de lecture musicale ...	1	In-18.	1 00	Dufour (à Bourg).
Viollet-le-Duc.	Histoire d'une forteresse	1	In-8°.	9 00	Hetzel.
Idem........	Histoire d'une maison...............	1	Idem.	7 00	Idem.

SÉRIE L. — BEAUX-ARTS ET ARTS INDUSTRIELS.

NOMS DES AUTEURS.	TITRES DES OUVRAGES.	NOMBRE de volumes.	FORMAT.	PRIX FORT.	ÉDITEURS.
				fr. c.	
Viollet-le-Duc.	Histoire d'un hôtel de ville et d'une cathédrale....................	1	In-8°.	9 00	Hetzel.
Idem........	Histoire de l'habitation humaine........	1	*Idem.*	9 00	*Idem.*
Idem........	Histoire d'un dessinateur..............	1	*Idem.*	7 00	*Idem.*
Wekerlin (J.-B.)	Chœurs à deux, trois et quatre parties pour pensionnats de jeunes filles...........	1	*Idem.*	7 00	Durand et Schœnewerk.
Anonyme....	Rondes et chansons populaires illustrées...	1	In-4°.	10 00	Lahure....

LISTE DES ÉDITEURS

FIGURANT AU CATALOGUE DES BIBLIOTHÈQUES POPULAIRES
DES ÉCOLES PUBLIQUES.

A

Aillaud (V°), Guillard et C¹°, rue Saint-André-des-Arts, 47.
Andriveau-Goujon, rue du Bac, 4.
Ardant (Eug.), à Limoges.
Ardant (F.-P.), à Limoges.
Asselin, place de l'École-de-Médecine.

B

Baillière (Germer), boulevard Saint-Germain, 108.
Baillière (J. B.), rue Hautefeuille, 19.
Baltenweck, rue Honoré-Chevalier, 7.
Barbou (Charles), à Limoges.
Barbou (Marc), à Limoges.
Baschet (A.), boulevard Magenta, 126.
Baudry, rue des Saints-Pères, 15.
Bazin et Girardot, rue Saint-Jacques, 174.
Belin (E.), rue de Vaugirard, 52.
Bellier, à Bordeaux.
Berger-Levrault, rue des Beaux-Arts, 5.
Bertrand (Arthus), rue Hautefeuille, 21.
Blériot, quai des Grands-Augustins, 55.
Boyer, rue Saint-André-des-Arts, 49.
Bray et Retaux, rue Bonaparte, 82.
Bresson, rue Saint-Sulpice, 21.
Briddel, à Lausanne (Suisse). (Dépôt chez Fischbacher, rue de Seine, 33.)
Brochard (D¹), rue Bonaparte, 47.

C

Capelle, rue Monsieur-le-Prince, 27.
Casterman, rue Bonaparte, 66.
Cattier, à Tours.
Chaix, rue Bergère, 20.
Challamel aîné, rue Jacob, 5.
Charavay, rue de Seine, 51.
Charpentier, rue de Grenelle-Saint-Germain, 13.
Chassel, à Mirecourt.
Chenu, à Orléans.
Cinqualbre, rue des Écoles, 54.
Colin et C¹°, rue de Mézières, 5.
Cotillon, rue Soufflot, 24.
Courcier, boulevard Saint-Michel, 13.

D

Dejey et C¹°, rue de la Perle, 18.
Delafontaine, rue d'Argenteuil, 19.
Delagrave, rue Soufflot, 15.
Delahaye, place de l'École-de-Médecine.
Delalain, rue des Écoles, 56.
Delsol, rue Rousselet, 26.
Dentu, galerie d'Orléans, 17.
Derivaux, à Strasbourg.
Deshays, à Rouen.
Didier et C¹°, quai des Grands-Augustins, 35.
Didot, rue Jacob, 56.
Dreyfous, rue du Faubourg-Montmartre, 13.
Drohojowska (C****), rue Vaneau, 35.
Ducher, rue des Écoles, 51.
Ducrocq, rue de Seine, 55.
Dufour, à Bourg.
Dumaine, rue et passage Dauphine, 30.
Dunod, quai des Grands-Augustins, 49.
Dupont (P.), rue Jean-Jacques-Rousseau, 41.
Duquesne (Alf.), rue de la Sorbonne, 16.
Durand et Schœnewerk, éditeurs de musique, place de la Madeleine, 4.

F

Fennebresque, à Tours.
Fischbacher, rue de Seine, 33.
Fouraut, rue Saint-André-des-Arts, 47.

G

Garcet, Nisius et C¹°, rue de Rennes, 76.
Garnier, rue des Saints-Pères, 6.

Gauguet, rue de Seine, 36.
Gaume, rue de l'Abbaye, 3.
Gauthier-Villars, quai des Grands-Augustins, 55.
Gédalge, rue des Saints-Pères, 75.
Gervais, rue de Tournon, 29.
Ghio, galerie d'Orléans, 1-7.
Goin, rue des Écoles, 62.
Guérand, à Nantes.
Guillaumin, rue Richelieu, 14.

H

Hachette et Cie, boulevard Saint-Germain, 79.
Hennuyer, rue Laffitte, 51.
Hetzel, rue Jacob, 18.
Hippeau (Mme), rue de Varennes, 12.

J

Jacob, à Orléans.
Jarry de Bouffémont, à Épinal.
Jouaust, rue Saint-Honoré, 338.
Jouvet et Cie, rue Palatine, 5.

L

Lacroix (E.), rue des Saints-Pères, 54.
Lahure, rue de Fleurus, 9.
Lamoulière (De), rue du Faubourg-Montmartre, 11.
Le Bel (H.), à Auch.
Lebroc et Cie, rue Garancière, 8.
Le Chevalier, rue de Richelieu, 61.
Le Clère, rue Cassette, 17.
Lecoffre, rue Bonaparte, 90.
Lefort, à Lille.
Lemerre, passage Choiseul, 27-31.
Lescaret, à Bordeaux.
Lévy (Calmann), rue Auber, 3.
Librairie agricole de la Maison rustique, rue Jacob, 26.
Librairie centrale des publications populaires, rue des Saints-Pères, 43.
Librairie du Magasin pittoresque, quai des Grands-Augustins, 29.
Librairie de la Société des livres religieux de Toulouse, à Toulouse.
Librairie de la Société bibliographique, rue de Grenelle-Saint-Germain, 35.
Librairie du Moniteur, quai Voltaire, 13.
Librairie encyclopédique Roret, rue Hautefeuille, 12.

Loones, rue de Tournon, 6.
Lory, éditeur de musique, rue Cadet, 12.

M

Mame, à Tours.
Marchand, à Saint-Dizier (Haute-Marne).
Masson (G.), boulevard Saint-Germain, 120.
Mégard, à Rouen.
Mollie, rue de Vaugirard, 60.
Morel (Mme V^e), rue Bonaparte, 13.
Mouchel, à Cherbourg.

O

Oberthur, à Rennes.

P

Pautet, au Creusot.
Pedone-Lauriel, rue Soufflot, 13.
Pelletan, rue Dauphine, 26.
Perisson, à Annecy.
Picard (Alph.), rue Bonaparte, 82.
Picard Bernheim et Cie, rue Soufflot, 11.
Picard (E.), rue de Vaugirard, 271.
Pigoreau, quai Conti, 13.
Plon, rue Garancière, 8.

R

Rigaud (A.), quai des Augustins, 33.
Roblot, à Besançon.
Roger et Chernowitz, rue des Grands-Augustins, 7.
Rothschild, rue des Saints-Pères, 13.
Rouff, rue Christine, 7.
Rousseau, rue Jacob, 9.

S

Sarlit, rue de Tournon, 19.
Savy, boulevard Saint-Germain, 77.
Société des Agriculteurs de France, rue Lepelletier, 1.
Souviron, rue des Martyrs, 85.

T

Tequi, rue de Mézières, 6.
Thorin, rue de Médicis, 7.
Tremblay, rue de l'Éperon, 5.
Tresse, galeries du Théâtre-Français, 8-11.

V

Vasseur, à Amiens.

LISTE DES NOMS D'AUTEURS

FIGURANT AU CATALOGUE DES BIBLIOTHÈQUES POPULAIRES

DES ÉCOLES PUBLIQUES.

A

About, p. 25, 40.
Achard (Améd.), 25, 34.
Adam (Ad.), 32.
Agassiz, 14.
Albert-Lévy, 34, 46.
Almeida (D'), 46.
Alsleben, 28.
Alvarès, 11.
Amiot, 45.
Ampère, 23.
Andersen, 25.
Anquez, 3.
Arbois de Jubainville (D'), 54.
Argy (D'), 52.
Armagnac, 7.
Arnoul, 34.
Assolant, 34.
Atthalin, 9.
Aubigné (D'), 7.
Aubin, 34.
Audiganne, 7, 19, 40.
Augé, 14.
Auger, 14.
Aunet (Mme d'), 14.
Aveline (D'), 34.
Avène (Baron d'), 54.

B

Babault, 52.
Bachelet, 1, 3, 6, 7.
Badin, 7, 49.
Baille, 46.
Baker, 14.
Baltet, 54.
Barante (De), 7.
Barbier, 54.
Barbier (Mlle), 34.
Barbou, 7.
Barr, 34.
Barral, 54.
Barrau, 9, 19, 54.
Barthélemy, 52.
Basserie, 54.
Bastiat, 40.
Batbie, 40.
Bâtissier, 61.
Baudement, 54.
Baudrillart, 40.
Baudry, 54.
Bazin, 11.
Beaufort (Mlle), 53.
Beaujean, 1.
Beaupré (De), 40, 54.
Beecher - Stowe (Mme), 25.
Bellenger, 14.
Bellot, 14.
Bénard (Th.), 1.
Benion, 54.
Benoist, 45.
Benoist de la Grandière, 52.

Bérard, 46.
Berchère, 14.
Bernard (Fr.), 25.
Bernardin de Saint-Pierre, 21, 25.
Berquin, 34.
Bersier (Mme), 25.
Bert, 49.
Berthet, 25, 34.
Berthoud, 49.
Bertrand, 45, 49.
Bescherelle aîné, 7.
Biart (Lucien), 14, 34.
Bishop, 14.
Bisson, 61.
Blanche, 40.
Blandy, 34.
Blerzy, 11, 13.
Block (M.), 40.
Blondel, 40.
Bobierre, 54.
Bocquillon, 54.
Bodin, 54.
Boileau, 21.
Boillot, 45, 46.
Bois-Robert (De), 14.
Boissonnas (Mme), 7, 26, 34.
Boiteau, 3.
Bonjean, 54.
Bonne, 19, 40.
Bonnechose (Em. de), 3, 7.

Bonnefon, 20.
Bonnefont, 11.
Bonnefoy, 9.
Bordier, 3.
Borel, 54.
Borie, 54.
Bornier (De), 24.
Bos d'Elbecq (Mme), 34.
Bossuet, 21.
Boucher, 20.
Bouchot, 20.
Bouchut (D^r), 52.
Bouillet, 1.
Bouley, 52.
Bouquet de la Grye, 53, 54.
Bourassé, 49.
Bourdaloue, 22.
Bourdon, 52.
Bourdon (Mme), 26.
Bourguignon, 40.
Bourguin, 19, 23.
Bourotte (Mlle), 40.
Boutan, 46.
Boutet de Montvel, 47.
Boutteville, 55.
Brachet, 1.
Branchu (Mlle), 26.
Brassey (Mme), 14.
Bréhat (De), 34.
Bremer (Mlle), 14, 26.
Bresson, 45.
Brétignère, 20.
Brévans (De), 49.
Brewer, 46.
Briot, 45, 46.
Brochard (D^r), 52.
Brothier, 45, 49.
Bruce (James), 14.
Brun, 45.
Bruno, 11, 34.
Buffon, 22, 34, 49.
Bulwer, 26.

Burat, 49.
Burnaby, 14.
Burton, 14.
Burty, 61.

C

Cadet (E.), 1, 40.
Cadet (F.), 7, 11, 40.
Cahun, 14, 26.
Caillard (Mme), 34.
Calemard de la Fayette, 55.
Campe, 15.
Carraud (Mme), 26, 34, 40.
Carré, 41.
Carrière, 55.
Castagné (E.), 34.
Castillon, 46.
Catalan, 45.
Catlin, 15.
Caumont, 34.
Cauvet, 49.
Cazeaux, 55.
Cazin, 46.
Célières (P.), 24, 26.
Cernesson, 61.
Cervantès, 26.
Chaillé-Long, 15.
Challamel (A.), 7.
Chamisso, 26.
Chantal (De), 34.
Chanzy (G^al), 3.
Charot, 26.
Charpentier de Cossigny, 55.
Charton (Ch.), 11.
Charton (Ed.), 3, 7, 15, 32, 34.
Chasles (Émile), 3, 19, 20, 26, 34.
Château, 61.
Chateaubriand, 15.

Chatin, 55.
Chauvin, 15.
Chavannes (De), 15.
Cheadle, 16.
Cherbuliez, 41.
Cherville (De), 34.
Chevreuse, 52.
Chotard, 26.
Chotteau, 6.
Choublier, 3.
Cirotteau, 55.
Clamageran, 3, 15.
Clément (Ch.), 61.
Clément (F.), 61.
Cocheris, 1.
Cochin, 32.
Coignet (Mme), 19.
Collignon, 45.
Colomb (C.), 61.
Colomb (Fernand), 7.
Colomb (Mme), 26, 34, 35.
Combes, 6.
Compayré, 19.
Conscience (H.), 26.
Conscience (Marie), 26.
Cook, 15.
Cooke, 49.
Cooper, 26, 27.
Cordier, 7, 8, 15.
Cornaz (Mme), 35.
Corne, 7.
Corneille, 24.
Cortambert, 11, 13, 49.
Cortis, 19.
Cotelle, 55.
Couly, 19.
Courcelle-Seneuil, 41.
Courgeon, 4.
Courtois-Gérard, 55.
Courval (De), 55.
Cousin, 41.
Cozzens, 15.

LISTE DES AUTEURS.

Croy (De), 35.
Cucuat, 41.
Cuir, 35.
Cummins (Miss), 27.

D

Dalsème, 9.
Dameth, 41.
Dante Alighieri, 24.
Dauban, 3, 9.
Debourge, 52.
Debray, 46.
Decaisne, 50.
Degranges, 55.
Dehais, 41.
Dehérain, 46.
Deherrypon, 27.
Delafaye-Brehier (Mme), 27, 35.
Delafontaine, 61.
Delaistre, 61.
Delaunay, 45.
Delavigne (C.), 24.
Delbetz, 55.
Delessert, 19.
Delignières, 41.
Delon, 9, 32, 46, 49, 53.
Delord, 4.
Demanet, 53.
Demogeot, 20.
Demond, 45.
Denis (F.), 15.
Depping, 49.
Deroulède, 23.
Desbordes-Valmore (Mme), 35.
Des Cars, 55.
Descieux, 52.
Desclozières, 7.
Deslys (Ch.), 27.
Desmarest, 41.
Despois, 4, 6.

Desprez, 4, 7.
Devic, 46.
Deville, 15.
Dézobry, 1.
Dickens, 27.
Dombasle (De), 55.
Donné, 52.
Drion, 46.
Drioux, 11.
Drohojowska (Comtesse), 11, 13, 37, 41, 46.
Dubail, 11.
Dubois, 13.
Dubost, 55.
Du Breuil, 55, 56.
Ducoudray, 4, 9.
Dufresnoy (Mme), 19.
Dujardin, 46.
Duluc, 11.
Dumas, 46, 55.
Du Moncel, 46.
Dumont d'Urville, 15.
Dumoulin, 46.
Dupaigne, 49.
Duplessis, 61.
Dupont, 53.
Dupont (Paul), 41, 53.
Dupuis (Mme E.), 35.
Durand, 41.
Durand (V.), 35.
Durand de Nancy, 41.
Duruy (G.), 7.
Duruy (V.), 3, 4.
Dutemple, 7.
Dutreuil de Rhins, 15.
Duval (J.), 11, 13.
Duvergier de Hauranne (Mme E.), 4.

E

Edgeworth (Miss), 35.
Egger, 53.
Erckmann-Chatrian, 27, 28.

Ernouf, 7, 15, 53.
Ernst (Mme), 28.
Epinois (De l'), 33.
Esquiros, 50.
État-major, 11.
Étienne, 20.

F

Fabre, 41, 45, 46, 47, 49, 55.
Fabre (Colonel), 4.
Fabre-Massias, 28.
Fallet, 9.
Falvert (De), 9.
Faraday, 47.
Farine, 35.
Faujat de Paucellier, 35.
Feillet, 4, 7.
Félizet, 55.
Fénelon, 22, 35.
Fennebresque, 55.
Fernet, 46.
Ferry (G.), 28.
Feugère, 20.
Feuilleret, 3, 13, 15.
Fezensac (De), 9.
Figuier, 47, 49, 53.
Fillias, 11.
Fillon, 55.
Flammarion, 45.
Fléchier, 22.
Fleuriot (Mlle), 28, 35.
Fleury, 6.
Fleury-Lacoste, 55.
Florian, 22, 35.
Flourens, 49.
Focillon, 1, 49.
Foë (Daniel de), 28, 35.
Fonssagrives, 52.
Fonvielle (De), 47.
Fonvielle (W. de), 13.
Fournel, 15, 33.
Fournier, 49.

Foville, 7.
Franck, 19, 41.
Frank, 28.
Franklin (Benj.), 9, 19, 41.
Franklin (Jon.), 50.
Freycinet (De), 4.
Freytag, 28.
Fromentin, 15.

G

Gaël (Mme), 28.
Galland, 28, 35.
Garnier (Jos.), 41, 45.
Garnier (Jules), 47.
Garrigues, 45, 47.
Gasparin (De), 55.
Gaucheron, 55.
Gautier (Léon), 22.
Gavet, 35.
Gayot, 55, 56.
Génie militaire, 11.
Geoffroy St-Hilaire, 56.
Gérald (Mme), 28.
Gérando (De), 19.
Gérard (Jules), 28.
Géruzez, 20.
Gervais (H.), 58.
Gervais (P.), 50.
Gidel, 20.
Gillet, 58.
Girard, 50, 56.
Girardin, 47, 56.
Girardin (J.), 7, 28, 36.
Giraud, 41.
Glasson, 41.
Gobin, 56.
Goblet d'Alviella, 15.
Godefroy, 20.
Gœpp (Éd.), 7, 8, 9, 15.
Gœthe, 24.
Goldsmith, 28.

Gosset, 9.
Gossin, 56.
Gotthelf, 28.
Goujet d'Andelot, 45.
Gouraud (Mlle), 28, 36.
Gourdault, 8.
Grandeau, 56.
Gratiolet, 50.
Grégoire, 1, 9, 11.
Gréhan, 13.
Gressent, 56.
Grimard, 50.
Grisot, 20.
Grosselin, 28.
Guerrier de Haupt (Mlle), 29.
Guibout, 8.
Guilleman, 41.
Guillemin, 45, 47.
Guizot, 4.
Guizot (Mme), 36.
Guyau, 36.
Guyot, 56.

H

Habberton, 29.
Hall, 15, 29.
Hallez d'Arros, 42.
Hamet, 56.
Hardy, 56.
Hauchecorne, 55.
Hauff, 29.
Havard, 15.
Hawthorne, 36.
Hayes, 16.
Hélène (Max), 47, 50.
Hément, 45, 47, 50.
Hennequin, 11, 13.
Henriet (D'), 61.
Henrion, 36.
Héraud, 50.
Héricault (D'), 16.

Hérincq, 56.
Hérodote, 21.
Hervé, 16.
Hervey, 36.
Heuzé, 53, 56.
Hippeau (Mme), 42, 52.
Hœfer, 56.
Hoffmann (F.), 36.
Hollard (Mlle), 29.
Homberg, 42.
Homère, 21.
Hommaire de Hell (Mme), 16.
Houet, 36.
Houzé, 42.
Hubault, 11.
Hüber, 50.
Hüe (Mme S.), 23.
Hufeland, 52.
Hugo (Victor), 23, 24.
Humbert, 36.

I

Irving (Washington), 16.
Isle (Mlle Henriette d'), 29.

J

Jacque, 56.
Jacquemart, 16.
James, 50.
James (D'), 52.
Jamin, 56.
Janet, 19.
Jannetaz, 50.
Janolin, 29.
Jarry de Bouffémont, 42.
Jaubert, 16.
Jeannel, 36.
Jédina (De), 16.
Jehan, 50.
Joanne, 11, 12, 13.
Johnson, 16.
Joigneaux, 56, 57.

LISTE DES AUTEURS.

Joinville, 4.
Jolly (D^r), 19, 52.
Jonveaux, 8, 16.
Josèphe (Flavius), 3.
Jouault, 6.
Joubert, 8.
Jourdain, 42.
Jourdan, 42.
Jourdeuil, 57.
Jourdier, 54.
Julien, 50.
Jurien de la Gravière, 4.
Jussieu (A. de), 57.
Jussieu (L. de), 19, 36, 47.

K

Kergomard (Mme P.), 36.
Kingston, 16.
Kirwan (De), 57.
Kleine, 13, 57.
Kobell (De), 50.
Kœnig, 8.
Kompert, 29.
Kraft-Bucaille (Mme), 36.

L

La Blanchère (De), 57.
Labouchère, 8.
Laboulaye, 29, 36.
La Bruyère, 22.
Lachaume, 57.
Lacolonge (De), 47.
Lacombe, 4, 6, 9.
Lacroix (D.), 9, 44.
Ladrey, 57.
Lafayette (De), 23, 29.
La Fontaine, 22, 36.
Lagarrigue, 45.
Laisné, 42.
Lajarte (De), 61.
La Landelle (De), 8, 29.
Lamartine, 8, 23.

Lambert, 41.
Lambert (Abbé), 50.
Lambertye (De), 57.
Lamoulière (De), 42.
Landrin, 50, 62.
Lanoye (De), 13, 16, 50.
Laplace, 45.
Laprade (De), 23.
Larchey (Lorédan), 9.
Larousse, 1.
Lascaux (De), 8.
Lasteyrie (De), 53.
Laugel, 6.
Laurencin, 47.
Lavergne (De), 42.
Lebaigue, 20.
Le Béalle, 61.
Le Bel, 61.
Le Bon (D^r), 52.
Le Breton (Mme), 50.
Lebrun, 16, 36.
Lechartier, 50, 57.
Leclercq (J.), 16.
Lecoq, 57.
Lecouteux, 57.
Lee-Childe (Mme), 8, 61.
Le Faure (Am.), 4.
Lefèvre, 61.
Lefour, 57, 58.
Le Gall, 29.
Legouvé, 19, 33.
Leguidre, 53.
Lehr, 50.
Lemaire, 1.
Le Maout, 50.
Lemire, 13.
Lenoel, 42.
Léouzon, 58.
Leprince de Beaumont (Mme), 36.
Le Reboullet, 50.
Leroy, 4, 11, 49.

Lesbazeilles, 50.
Lescarret, 42.
Lescuyer, 50, 58.
Levasseur, 11, 13, 42.
Lévêque, 19, 50.
Lévesque, 58.
Levot, 9.
Leymarie, 42.
Leymerie, 50.
Liron d'Airolles, 58.
Littré, 1.
Livingstone, 16.
Lock, 4, 19.
Loisel, 58.
Lorentz, 58.
Louandre, 1, 20.
Loubens, 19.

M

Macaulay, 6.
Macé, 36, 37, 49, 50.
Mackensie-Wallace, 13.
Mage, 16.
Magne, 58.
Mahistre, 45.
Maigne, 1, 37, 47, 53.
Maigrot, 20.
Maisonneuve, 8.
Maistre (X. de), 29.
Malaguti, 47, 58.
Malherbe, 22.
Mallès de Beaulieu, 37.
Malot (H.), 29.
Malte-Brun, 13.
Mangin, 47, 50, 51.
Manteuffel, 58.
Manuel, 11, 23, 24.
Manzoni, 29.
Marbeau, 19, 42.
Marcel (Mme J.), 37.
Marcillac, 61.
Maréchal (E.), 9.
Maréchal (Mlle), 29, 37.

Margollé, 10, 18, 46, 48, 51.
Marie, 61.
Marié-Davy, 47, 51, 58.
Marion, 58.
Mariot-Didieux, 58.
Markham, 16.
Marlitt, 29.
Marmier, 16, 29, 37.
Marryatt, 29, 37.
Martin, 19.
Martin (H.), 4, 8.
Marzy, 47.
Mascaron, 22.
Massillon, 22.
Masson (M.), 29.
Masure, 58.
Matrat (Maret), 42.
Maurice, 42.
Maury, 13, 51.
Maynard (Le D^r), 16.
Mayne-Reid, 29, 30, 37.
Mazas, 8.
Maze, 6, 8.
Meignan, 16.
Ménard (René), 61.
Ménard (Th.), 8.
Ménault, 33, 51, 58.
Mercier, 42.
Messin, 33.
Meunier, 51.
Meunier (Mme), 13, 52.
Meynal, 20.
Michaux, 42.
Michelet, 3, 4, 9.
Mignet, 4, 6, 8.
Millet, 42.
Millet, 58.
Millet-Robinet (Mme), 58.
Milne-Edwards, 51.
Milton, 16.
Milton, 24.
Mirval (De), 30, 37.

Modeste, 42.
Moigno (Abbé), 47.
Moitessier, 47, 48.
Molesworth (Mme), 37.
Molière, 24, 25.
Montégut, 13.
Monteil, 53, 58.
Montesquieu, 22.
Montmahou (De), 51.
Moreau (Christophe), 4.
Morin, 58.
Morin (Ernest), 19.
Mortillet (De), 58.
Mouchelet, 45.
Mouhot, 16.
Moulin, 4.
Moureau, 42.
Mouzin, 61.
Muller (Eug.), 8, 9, 16, 19, 30, 48, 53.
Mussat (Mlle), 37.

N

Napoléon 1er, 4.
Nares, 17.
Narjoux, 42.
Naudin, 58.
Navery (Raoul de), 30, 37.
Neveu-Dérotrie, 58.
Niel (O.), 13.
Nightingale (Mme), 52.
Niox, 51.
Nisard (D.), 20.
Noël, 20.
Noël (O.), 42.
Nordenskiöld, 17.
Nyon, 37.

O

O'Kennedy (Mlle), 37.
Old Nick, 17.
Olivier, 30, 33.

Orbigny (D'), 17.
Ory (Mme S.), 37.
Ott (A.), 13.

P

Palgrave, 17.
Pape-Carpantier (Mme), 37, 45, 51.
Parade, 58.
Paris (Comte de), 43.
Parizet, 58.
Parrot (D^r), 52.
Pascal, 22.
Passy (Fr.), 43.
Passy (H.), 43.
Pasteur, 48, 58.
Payen, 48.
Payer, 17.
Pelletan, 58.
Pelletan (Eug.), 33.
Pellico (Silvio), 24.
Percy-Saint-John, 37.
Perdonnet, 43.
Périgot, 11.
Périn, 30.
Périssat, 43.
Pernet, 30.
Pernot, 46.
Perrault, 37.
Personnat, 59.
Pessonneaux, 21.
Petit de Julleville, 3.
Pfeiffer (Mme Ida), 17.
Pichard (Mlle), 37.
Pierre (Isidore), 48, 59.
Pigeonneau, 9, 13.
Pinet (Mme), 37.
Piotrowski, 9.
Piron (H.), 17.
Pitolet (Mme), 37.
Pitray (Mme de), 37.
Pizzetta, 46, 51.
Plazanet, 43.

LISTE DES AUTEURS. 71

Plutarque, 3.
Poiré, 37, 48, 53.
Poiteau, 59.
Poitou, 17.
Ponce, 59.
Ponsard, 25.
Porchat, 30, 38.
Portalis (De), 43.
Pouriau, 59.
Prescott, 6.
Pressard, 20.
Pressensé (Mme de), 30, 38.
Prévost, 53.
Privat-Deschanel, 1.
Prosser (Mme), 30.
Putois, 43.
Puton, 59.
Puvis, 59.

Q

Quatrefages (De), 51, 59.
Quicherat (J.), 61.
Quicherat (L.), 61.
Quinet (Edgar), 4, 23.
Quitard, 19.

R

Racine, 25.
Radau, 48.
Raffray, 17.
Raffy, 4, 9, 13.
Rambaud (A.), 6, 9.
Rambosson, 46.
Rapet, 43.
Raulin, 51.
Raveret-Wattel, 59.
Raymond, 33.
Raynal, 17.
Raynald, 4.
Reclus (Élisée), 13, 14.
Reclus (Onésime), 13.

Regnault, 46.
Rémy, 59.
Renard, 48, 51.
Rendu (V.), 51, 59.
Retz (Cardinal de), 4.
Reverdy, 43.
Révoil, 17.
Revon, 50, 59.
Reynaud (J.), 19, 51.
Riant (D^r), 52.
Ribeaucourt (De), 59.
Richard (du Cantal), 59.
Richebourg, 30.
Rillé (De), 61.
Riondet, 59.
Risler, 9.
Rivier, 43.
Robert (Le D^r), 57.
Roblin, 59.
Roche (Antonin), 1, 4, 6, 14, 20.
Roche (Édouard), 59.
Rodigas, 59.
Rodin, 51, 59.
Roman, 59.
Ropartz, 30.
Rose-Charmeux, 59.
Roulin, 51.
Roulliet, 43.
Rousselet, 38.
Rousselot, 43.
Roussin, 17.
Roy, 5, 8.
Rozan, 19, 33.
Rozet, 48.

S

Sachot, 13, 14, 17, 51, 53.
Saffray, 48.
Saintes (De), 38.
Saintine, 30.

Saint-Jean (Comte de), 30.
Saint-Vincent (De), 52.
Salicis, 38.
Salières, 30.
Samson, 59, 60.
Sand (George), 25, 31.
Sandeau (J.), 31, 38.
Sardan, 61.
Sardou, 1.
Saucié, 20.
Sauzay, 48.
Savard, 61.
Schulze-Delitzsch, 43.
Schweinfurth, 17.
Schwertz, 60.
Scott (Robert), 48.
Scott (W.), 31.
Secchi (R. P.), 46.
Sécron, 60.
Ségur (Mme de), 38, 52.
Sepet, 8.
Sévigné (Mme de), 22.
Sewell (Mme), 31.
Siebecker, 9, 43.
Siegfried, 43.
Silva (Mme F. de), 31.
Simon (J.), 20.
Simonin, 13, 48, 51.
Smiles, 8, 17, 31.
Solard, 43.
Sonnet, 1.
Sonrel, 51.
Sorel, 60.
Soubeiran, 52.
Souvestre, 31.
Souviron, 43.
Stahl, 17, 20, 31, 38.
Stanley, 17.
Stanley-Jevons, 43.
Stenfort, 43.
Stolz (Mme de), 38.
Swift, 31.

T

T*** (Marie-Ange de), 38.
Taillandier, 43.
Talbert, 17.
Talbot, 3.
Tasse (Le), 24.
Tassy, 60.
Tastu (Mme), 38.
Teisserenc de Bort, 60.
Tessereau, 52.
Testas (Mlle), 38.
Théry, 21, 23, 38.
Thévenin, 43, 53, 60.
Thierry (Aug.), 5, 6.
Thiers, 5, 43.
Tiersot, 61.
Tissandier, 17, 46, 48, 51.
Tisserand, 60.
Tite-Live, 21.
Töpffer, 31.
Topin, 5.
Toulza (De), 43.
Trémadeure (Mme Ulliac), 38.
Troost, 48.
Turenne, 9.
Tyndall, 8, 48.

U

Un officier français, 14.
Un professeur d'histoire, 3, 5, 9, 10.

V

Vacquant, 45.
Vadot, 53.
Valade, 43.
Valentin, 5, 10, 17
Vallery-Radot, 33.
Vambéry, 17.
Van Bruyssel, 31.
Vandal, 17.
Van den Berg, 3.
Vannier, 53.
Vasseur, 43.
Vaulabelle, 5.
Vergnes, 43.
Vergnette-Lamothe (De), 60.
Verlot, 60.
Verne (J.), 18, 31, 32, 60.
Véron (Eug.), 6, 43.
Vesque, 54.
Vétault, 10.
Vexiau, 44.
Vianne, 60.
Vias, 60.
Vidal, 60.
Vidalin, 60.
Viel, 44, 60.
Viel-Lamare, 44.
Villatte (De la), 44.
Ville, 60.
Villemarqué (De la), 33.
Villeroy, 60.
Villetard, 18.
Vilmorin, 60.
Vimont, 32.
Vincent (P.), 5.
Vinet, 21.
Vinot, 53.
Viollet-le-Duc, 61, 62.
Virgile, 21.
Vitard, 60.
Vivien de Saint-Martin, 14.
Vogel, 48.
Vogl, 52.
Voltaire, 5, 6, 23, 25.

W

Wachter, 11.
Wailly (De), 38.
Wallace (A. Russell), 18.
Wallon, 8.
Wallut, 32.
Watbled, 5.
Wekerlin, 62.
Wetherel (Mme), 32.
Wey, 13.
Whymper, 18.
Wiseman, 32.
Witt (Mme de), née Guizot, 32, 38.
Wogan (De), 18.
Wolf, 46.
Wolowski, 44.
Wood (Mme), 32.
Worms, 44.
Wyss, 38.

X

Xénophon, 3.

Y

Young (A.), 10.
Ysabeau, 60.

Z

Zeller, 5.
Zévort, 5.
Zurcher, 10, 18, 46, 48, 51.

———

Anonymes, 5, 10, 11, 18, 32, 38, 48, 51, 62.
Divers, 1, 2, 21, 25, 60.
Bibles catholiques et protestantes, 20.

www.ingramcontent.com/pod-product-compliance
Lightning Source LLC
Chambersburg PA
CBHW070305100426
42743CB00011B/2348